Catherine COULOMB

Guide des relations entre le notaire et ses clients

Rôle, coût, responsabilités, règlement des conflits...

ÉDITIONS DU PUITS FLEURI
77850 Héricy - FRANCE

Editeur : Emile Guchet

ISBN : 2-86739-304-3
ISSN : 0414-6492

Préface

Le monde actuel offre aux particuliers de multiples sources d'information : presse spécialisée, journaux télévisés, émissions.

Le droit n'a pas échappé à ces moyens modernes de communication, devenant ainsi plus accessible.

Les professionnels du droit sont également plus nombreux et largement répartis au sein de divers secteurs : les banques, les assurances, les mutuelles proposent elles-mêmes des conseils personnalisés dans toutes les matières du droit : droit de la consommation bien sûr mais aussi droit civil, droit fiscal.

Pour une raison de coût, l'usager hésite à présent à consulter d'abord un avocat ou un notaire alors qu'ils étaient encore récemment leurs interlocuteurs privilégiés. Le notaire est traditionnellement le spécialiste du droit de la famille et du patrimoine. Détenteur de secrets de famille, confident lié par le secret professionnel, son rôle a souvent dépassé celui d'un simple authentificateur d'actes. Mais le client est devenu un consommateur et la profession a dû s'adapter.

Le but de cet ouvrage est de faire découvrir à l'usager la profession de notaire à travers des exemples concrets qui lui permettront de connaître le coût de l'intervention du notaire et les modalités du traitement de son dossier. Le lecteur pourra ainsi juger de la nécessité d'avoir ou de ne pas avoir recours au notaire selon le problème qui le concerne.

Avant-propos

Le droit est une matière complexe et en constante évolution. Une question peut concerner plusieurs domaines : juridique, fiscal, administratif. La réponse n'est pas forcément unique car elle peut mettre en œuvre plusieurs lois. Il est donc toujours préférable de s'adresser à un professionnel hautement qualifié.

Cependant, les multiples revues et documentations mises à la disposition du consommateur lui permettent aujourd'hui de pouvoir résoudre lui-même des questions simples. Mais même les cas les plus courants ne sont pas toujours aussi faciles qu'ils le paraissent. La multiplication des réglementations ne rend-elle pas aujourd'hui plus complexe une opération aussi usuelle que la vente d'un bien immobilier ?

Sommaire

Partie 2.

Comment le notaire traite mon dossier 67

Introduction

Dans quels cas est-il obligatoire d'avoir recours à un notaire ? Dans quels cas est-il préférable de s'adresser à lui ? Telles sont les questions auxquelles cet ouvrage va répondre à travers les thèmes évoqués.

Ce livre va vous apprendre à comprendre le langage juridique pratiqué par le notaire, à savoir comment discuter et correspondre avec lui, sans oublier qu'un seul mot a toujours qualifié les relations entre le notaire et le client : la confiance.

Partie 1.

Statut, fonction, coût...

Telle est la question que tout consommateur se pose avant de prendre un rendez-vous. Mon problème relève-t-il de la compétence exclusive du notaire ? Suis-je obligé de prendre un rendez-vous ou puis-je poser ma question par écrit ou par téléphone ? Combien cela va-t-il me coûter ?

Chapitre 1.

Pourquoi aller chez le notaire

Il semble nécessaire de commencer par rappeler qui est le notaire à travers un petit historique, quelques précisions sur son statut et une présentation du personnel de l'étude. Nous rentrerons ensuite dans le vif du sujet avec la liste des actes relevant du monopole des notaires et une indication des actes libres proposés par les notaires.

I. Le statut des notaires et le personnel de l'étude

La première réglementation qui est appliquée aux notaires est l'ordonnance de **Villers Cotterets**, promulguée par **François 1er** en août 1539. Elle a notamment imposé le français dans les actes notariés. La fonction est ensuite restée longtemps fragmentée. Elle était exercée par plusieurs intervenants :

— **Le notaire** : il rédigeait l'acte.

— **Le tabellion** : il délivrait les copies.

— **Le garde scel** : il apposait le sceau sur les copies pour leur donner la force exécutoire.

— **Le garde note** : il conservait les originaux.

De nos jours toutes ces compétences sont réunies entre les mains d'un seul professionnel : le notaire.

C'est un décret du 19 décembre 1945 qui a donné naissance au notariat contemporain. Un décret du 5 juillet 1973 a ensuite défini les conditions d'accès à la profession et la formation professionnelle.

Le ressort territorial des notaires a également évolué. D'abord limité par rapport aux ressorts des tribunaux, il en a été en partie détaché par un décret de 1964. Mais ce n'est que dans les années 84/85 que la compétence des notaires est devenue nationale. Cela signifie que si vous déménagez à l'autre bout de la France et si vous étiez attaché à votre notaire, vous pouvez toujours lui demander de s'occuper de vos affaires et de vous représenter dans n'importe quel dossier. Par exemple, si vous achetez un bien immobilier, il peut recevoir l'acte ou seulement y participer si un notaire assiste déjà le vendeur.

De plus, jusqu'en 1966, la profession ne pouvait être exercée que dans des études individuelles. Aujourd'hui, les sociétés civiles professionnelles de notaires ont largement envahi les villes et même les campagnes.

Ces changements ont-ils profité à l'usager ? Même si certaines petites études de village ont disparu pour être regroupées avec d'autres études voisines, le choix s'est élargi grâce aux associations qui offrent au client plus de disponibilités de la part des notaires car il aura toujours un interlocuteur même en l'absence de son notaire habituel. Enfin, la diversité des personnalités lui permet aussi de trouver celui ou celle avec lequel ou laquelle il aura le plus d'affinités, tout en restant dans la même étude.

L'Etat a investi le notaire d'une mission : authentifier les accords des parties. L'acte authentique possède :

— Une force probante : ce qui est écrit dans l'acte est vrai. A celui qui invoque le contraire de le prouver.

Question

Je vends mon appartement à Paris pour acheter une maison à Perpignan. Puis-je demander à mon notaire parisien de s'occuper de l'acte d'achat ?

Réponse

En général, le vendeur aura un notaire à Perpignan (à défaut, celui chez lequel il avait lui-même signé son acte de vente). C'est ce dernier qui constituera le dossier, en sa qualité de notaire du vendeur. Mais le notaire parisien peut très bien assister son client. Pour des questions pratiques, le notaire du vendeur rédigera aussi l'acte de vente, notamment pour deux raisons :

— il se peut que le notaire de l'acheteur ne se déplace pas pour la signature de l'acte. Il se contentera de contrôler le projet d'acte et s'occupera du paiement du prix, en adressant par exemple à son confrère les fonds qu'il détient sur la vente de l'appartement de son client,

— il est rare qu'un notaire se déplace avec la minute d'un acte. L'acte est en principe signé à l'étude, à moins que l'une des parties soit dans l'incapacité de se déplacer. Si tel n'est pas le cas, le notaire préférera pouvoir apporter à l'acte les éventuelles modifications de dernière minute en restant sur place, plutôt que de procéder à des renvois ou des ajouts qui, s'ils sont nombreux, peuvent altérer la compréhension de l'acte.

Si dans un cas exceptionnel le vendeur n'a pas de notaire et ne souhaite pas en chercher un en particulier, le notaire parisien peut se charger intégralement du dossier (formalités et rédaction de l'acte). Par contre, la signature de l'acte devra avoir lieu à Paris. Le vendeur devra donc s'y déplacer à moins qu'il n'accepte de se contenter d'une procuration sans assister à la signature.

— Une force exécutoire : il est exécutoire sur l'ensemble du territoire de la République. A cet effet, le notaire délivre des copies authentiques (par exemple : à l'acheteur pour une vente), ou exécutoires (à une banque pour un prêt).

Enfin, le notaire est chargé d'un devoir de conseil vis-à-vis de sa clientèle et il est tenu au secret professionnel au même titre que les professionnels de la santé.

Mais quel est le statut juridique du notaire ?

Est-il un fonctionnaire ? Non, mais il est détenteur de fonds publics.

Fait-il partie des professions libérales ? Oui, mais il est surtout un officier public ministériel. Nommé par le Garde des sceaux, il est titulaire d'une délégation de l'autorité publique.

Nous dirons enfin que le notaire est une profession fortement réglementée et contrôlée. Elle est organisée en chambres (au niveau départemental), conseils régionaux et Conseil supérieur du notariat, chaque organisme ayant des attributions différentes que nous ne détaillerons pas ici. Elle est contrôlée de manière interne (le président de la Chambre et celui du Conseil régional exercent un pouvoir disciplinaire) et externe (le répertoire des actes de l'étude est déposé chaque année auprès du Procureur de la République).

Après le premier rendez-vous, le client ne reverra en général le notaire qu'au moment de la signature de l'acte authentique. Entre temps, son dossier va être traité par le personnel de l'étude. Dans les grandes études, il lui arrivera même de ne jamais rencontrer le notaire et d'être reçu par un collaborateur habilité à recevoir les actes. Il paraît donc intéressant de mieux connaître les qualifications de ce personnel que l'on peut regrouper en 3 services.

A. Les clercs de notaire

Ce sont eux qui gèrent le dossier du client, demandent les formalités préalables et rédigent les actes. Leur travail est à la fois administratif et juridique. Ils peuvent donc répondre à vos questions pendant le traitement de votre dossier. La plupart sont issus d'une école de notariat (4 ans d'études après le bac). D'autres sont titulaires d'un diplôme de notaire et occupent des fonctions de notaires assistants. Certains sont spécialisés (clercs aux successions, clercs négociateurs). Enfin, le notaire peut consentir à quelques-uns une habilitation qui leur permet de recevoir les actes à sa place, c'est-à-dire de recueillir les accords et les signatures des parties. Cette spécificité est mentionnée à la fin de l'acte, au lieu de la formule : *« Fait et passé aux lieu, jour, mois et an ci-dessus indiqués. Après lecture faite, les parties ont signé le présent acte avec le Notaire soussigné »*, on peut lire celle-ci : *« Après lecture faite, les parties ont certifié exactes, chacune en ce qui la concerne, les déclarations contenues au présent acte, et les signatures ont été recueillies les jour, mois et an susdits par Mme le clerc de notaire, à ce jour habilité à cet effet et assermenté par actes déposés aux minutes de l'office notarial dénommé en tête des présentes, qui a lui-même signé avec elles. Le présent acte a été signé par le notaire le même jour »*.

B. Le service comptable

Le comptable gère les comptes de l'étude et des clients. Il établit également les taxes indiquant les frais d'actes. C'est donc à lui que vous pouvez vous adresser pour demander les frais. Il vous répondra en général en utilisant le barème rapide des frais d'actes et vous indiquera une provision sur frais (qui dépasse toujours d'une centaine d'euros le montant réel). Si vous avez besoin d'un calcul plus précis, (par exemple pour faire une demande de prêt auprès de votre banque), vous devez lui demander une taxe de l'acte qui sera plus détaillée et plus proche du montant définitif (explications plus précises au chapitre 3).

A chaque dossier correspond un compte ouvert à l'étude dans lequel toutes les écritures passées pour ce dossier apparaissent (honoraires, taxes versées aux hypothèques, factures payées pour le compte du client). Un relevé de compte sera remis avec la copie authentique.

Lorsqu'un dossier concerne deux personnes, deux comptes sont ouverts. Par exemple, dans le cadre d'une vente, le compte de l'acheteur recevra d'abord le dépôt de garantie qu'il verse lors de la signature du compromis. Il ne sera en effet transféré au compte du vendeur qu'au moment de la signature de l'acte définitif. Le compte de l'acheteur comportera ensuite tous les frais d'acte contenus dans la taxe. Quant au compte du vendeur, il a vocation à constater le paiement du prix par imputation de l'acompte et du solde versé lors de la signature. Il peut également contenir certains frais déduits du prix (frais d'expertises réalisées en vue de la vente s'ils sont réglés par le notaire, frais de mainlevée lorsque le bien est grevé d'une inscription hypothécaire). Le vendeur ne recevant pas le titre de propriété comme l'acheteur, il peut à tout moment demander un relevé de son compte s'il ne lui a pas été délivré avec le chèque représentant le solde de ce compte.

C. Le service des formalités

La vie d'un acte ne s'arrête pas après la signature, elle continue avec la publication à la Conservation des Hypothèques. La publicité foncière constate d'une part, le paiement des taxes (leur montant est détaillé sur la mention apposée sur la copie authentique) et son existence officielle vis-à-vis de l'Etat et des tiers.

Le notaire doit faire publier les actes concernés par la publicité foncière (en résumé, tous actes constatant le transfert de propriété d'un immeuble ou le grevant de droits), dans un délai de deux mois à compter de la signature. Au-delà, il est redevable de pénalités de retard.

La formaliste gère donc le dépôt des actes à la Conservation des Hypothèques (c'est elle qui prépare les copies authentiques et les copies exécutoires), le paiement et la régulation des taxes se rapportant à chacun d'eux, inscrit les mentions de publicité foncière dans les registres de l'étude (appelé répertoire des formalités). Ce n'est qu'à ce moment-là que votre compte peut être définitivement soldé et que votre copie authentique comportant la mention de publicité foncière peut vous être remise. Cette copie délivrée par le notaire porte en dernière page la mention suivante :

« **POUR COPIE AUTHENTIQUE** en 15 pages, réalisée par reprographie, délivrée par le notaire associé, soussignée et certifiée par lui comme étant la reproduction exacte de l'original ».

Dans beaucoup d'études, cette fonction est maintenant assurée par les clercs eux-mêmes qui sont chargés des formalités postérieures de leurs actes. Mais certaines ont conservé un service formalités avec un clerc aux formalités et des secrétaires.

Après cet aperçu de la profession qui vous permettra de mieux identifier vos interlocuteurs (notaire, clerc, comptable), nous allons détailler les actes proposés par les notaires.

II. Les actes

Certains relèvent obligatoirement du monopole, d'autres sont des actes libres que vous pouvez demander à un autre professionnel (avocat, expert-comptable...).

A. Les actes du monopole

L'authenticité de certains contrats est exigée soit par la loi, soit comme condition de validité des contrats. Cette prescription peut être voulue par l'intérêt public ou dans l'intérêt des parties, le législateur jugeant qu'elles doivent mesurer leurs engagements grâce aux conseils du notaire. La liste qui suit n'est pas exhaustive. Elle a pour but d'expliquer les principaux actes obligatoirement reçus par un notaire.

➤ La vente d'immeubles

C'est le cas le plus courant et le plus régulier. Tous les immeubles sont concernés : terrains nus, terrains agricoles, terrains à bâtir, maisons, appartements, bureaux, locaux commerciaux, entrepôts...

Toutes les formes de ventes doivent être constatées par acte notarié : ventes d'immeubles anciens, ventes d'immeubles à construire, contrats de location-accession à la propriété.

➤ Les prêts

Les prêts qui prennent pour garantie l'immeuble, objet de la vente, doivent être constatés par acte authentique. Il en est de même pour les prêts destinés à financer des

Question

Peut-on faire un prêt auprès d'un notaire ?

Réponse

Le notaire peut établir des actes de reconnaissance de dettes. Une personne prête une somme à une autre, qui le reconnaît et s'engage à la rembourser en X mensualités jusqu'à telle date. En garantie du remboursement, le créancier peut demander la caution solidaire d'une autre personne ou une hypothèque sur un bien.

Les prêts consentis par des personnes physiques étaient courants à une certaine époque. Certains « prêteurs » en avaient même fait une activité, en général lucrative car les taux d'intérêts étaient très élevés. Les remboursements avaient en principe lieu par la comptabilité de l'étude. Aujourd'hui, les notaires ne veulent plus gérer ce genre de dossier, qui leur cause parfois plus de problèmes que de rapport. Les prêts octroyés par les banques et autres organismes de prêts à la consommation sont aussi plus avantageux et le choix est devenu large.

Par contre, les reconnaissances de dettes entre personnes d'une même famille ou entre amis sont toujours réalisables.

travaux ou une avance de trésorerie. Le notaire établit alors un acte de prêt et un bordereau d'inscription qui est déposé et publié à la Conservation des Hypothèques. Il délivre la copie exécutoire au prêteur et la copie authentique à l'emprunteur. Par suite, la mainlevée de l'inscription, (c'est-à-dire sa radiation), en cas de revente de l'immeuble, doit être également constatée par acte notarié. Mais il faut avouer que le droit du crédit a largement échappé au notaire ces dernières années. Les banques ont en effet délaissé les hypothèques au profit des organismes de cautionnement, appelés généralement crédits logement. Les frais sont en principe moins élevés pour l'emprunteur qu'une prise d'hypothèque. Le cautionnement résulte alors d'un simple acte sous seing privé (ou acte sous signatures privées, c'est-à-dire qui n'a pas à être authentique), de même que le contrat de prêt signé avec le conseiller bancaire. Certaines banques restent cependant fidèles aux garanties immobilières, soit par tradition, soit parce qu'elles s'adressent à une clientèle en difficulté à laquelle elles acceptent de consentir un prêt en prenant pour gage le bien immobilier acheté.

➤ Les contrats de mariage et les changements de régimes matrimoniaux

Le notaire joue ici pleinement son rôle de conseil en droit de la famille. Ces actes sont qualifiés d'actes solennels. C'est cette qualification qui implique le caractère authentique.

➤ Les liquidations de régimes matrimoniaux

Si elles comportent un partage de biens immobiliers suite à un divorce ou à un changement de régime matrimonial, elles doivent être établies par un notaire (voir en deuxième partie, chapitre 2).

➤ Les donations

Acte solennel, il doit également être reçu par le notaire lui-même (pas d'habilitation au profit d'un clerc dans ces cas-là). Plusieurs actes peuvent être regroupés dans cette catégorie : les donations entre époux, les donations entre vifs de biens immobiliers (par les parents aux enfants, par les grands-parents aux petits-enfants, par un oncle à son neveu ...) ou mobiliers, (parts sociales, placements), les donations partages (les donateurs font donation de leurs droits en pleine propriété ou en nue-propriété aux donataires, à charge de procéder entre eux au partage des biens donnés). Par application de la règle du parallélisme des formes, les actes suivants doivent également être reçus en la forme authentique : révocation d'une donation entre époux, procuration pour consentir ou accepter une donation ou une donation-partage. Dans ce domaine, le devoir de conseil du notaire est très important, ainsi que nous le verrons en deuxième partie (chapitre 3).

➤ Les successions

Lorsqu'il y a lieu de constater la transmission de propriété de biens immobiliers au profit des héritiers, la succession doit obligatoirement être réglée par le notaire (détail des actes établis en deuxième partie chapitre 3). Mais d'autres actes concernant le droit des successions doivent également être notariés : les procès-verbaux d'ouverture et de dépôt de testament (le notaire en délivre une expédition qui permet au légataire d'obtenir une ordonnance d'envoi en possession lorsqu'elle est nécessaire), les certificats de mutation (demandés par les banques pour transférer certains placements aux héritiers), les testaments authentiques (la forme notariée est obligatoire lorsque le testateur ne peut pas écrire).

➤ Les baux

Lorsque leur durée est supérieure à 12 ans (baux à long terme, baux emphytéotiques, baux à construction), ils sont soumis à publicité foncière et par conséquent à la forme notariée.

➤ Les constitutions, cessions et renonciations d'usufruit

L'usufruit donne ou laisse à son titulaire la jouissance d'un bien jusqu'à son décès. Il s'agit d'un droit réel soumis à publicité foncière lorsqu'il porte sur un immeuble. En effet, le bien ne peut être vendu sans l'accord et la signature de l'usufruitier.

B. Les actes libres

Certains actes ne relèvent pas de la compétence exclusive des notaires, d'autres ne peuvent en aucun cas être établis par eux.

L'authenticité de certains actes peut être conférée par un fonctionnaire (un officier d'état civil) ou un autre officier public (un huissier, un juge). Il s'agit entre autres de la reconnaissance d'enfant naturel, des actes de consentement de mariage, du consentement à adoption (qui peut être réalisé par acte authentique devant le juge d'instance ou le service d'aide sociale à l'enfance). De même les ventes de meubles sont généralement organisées par les commissaires priseurs (un autre officier ministériel). Mais un notaire est également habilité à rédiger ce genre d'acte (il existe par exemple toute une réglementation sur la vente de navires et de bateaux).

Les adjudications d'immeubles ont en général lieu devant les tribunaux (on parle alors d'adjudications judiciaires ou de ventes aux enchères publiques). Dans ce cas, c'est le jugement d'adjudication qui est publié par le greffe du tribunal à la Conservation des Hypothèques.

L'expédition du jugement, qui vaut titre de propriété, est remis par l'avocat à l'adjudicataire. Les adjudications judiciaires concernent essentiellement les cas où la seule issue du procès résulte dans la vente du bien immobilier objet du litige (par exemple lorsque des indivisaires ne parviennent pas à aboutir au partage des biens d'une succession) ou lorsque un créancier impayé (en général une banque) doit procéder à la saisie immobilière de l'immeuble sur lequel porte sa garantie.

Il arrive cependant que les notaires organisent eux-mêmes des ventes aux enchères de gré à gré (c'est-à-dire à l'amiable). Elles concernent souvent des biens immobiliers dépendant de successions dans lesquelles, soit les héritiers ne sont pas d'accord sur le partage mais sans aller jusqu'au tribunal (ils préfèrent vendre et se partager le prix), soit les dettes du défunt sont tellement élevées que seule la vente permet de régler les créanciers et de solder la situation. Ces ventes ont lieu au Conseil régional des notaires. Elles sont précédées des publicités obligatoires en la matière (avis dans un journal d'annonces légales au moins trente jours avant, apposition d'affiches sur le bien en question, sur un panneau du Conseil régional des notaires et sur le panneau des annonces officielles au Palais de Justice, organisation des visites). Les marchands de biens et les particuliers sont à l'affût de ces ventes.

➤ Le domaine du droit commercial et du droit des affaires

Il est partagé entre les notaires, les avocats et les experts-comptables. Ventes de fonds de commerce ou de fonds artisanaux, constitutions de sociétés, cessions de parts sociales peuvent être établies par l'un ou l'autre. Quant aux honoraires, ils sont librement négociables avec le notaire. A titre d'exemple, pour une vente de fonds de commerce ou une cession de parts sociales, l'usage est de prendre pour base le double de l'émolument d'une vente d'immeuble.

Une seule exception impose l'acte authentique lors de la constitution d'une société : les statuts d'une société civile immobilière comportant l'apport en nature d'un immeuble. Il s'agit alors d'un transfert de propriété qui doit être publié à la Conservation des Hypothèques.

➤ Actes interdits au notaire

Certains actes ne peuvent en aucun cas être établis par un notaire : les actes d'état civil (dressé uniquement par l'officier d'état civil), les renonciations à succession (qui doivent être effectuées par l'héritier renonçant auprès du greffe du tribunal d'instance).

➤ Actes soumis à aucun formalisme

Enfin, les particuliers peuvent réaliser eux-mêmes des actes qui ne sont soumis à aucun formalisme.

C'est le cas des dons manuels. Bien sûr, leur reconnaissance officielle est préférable, d'une part pour une raison de preuve (il est nécessaire de constater par écrit la donation d'une somme d'argent à un enfant lorsque ce dernier est marié et qu'il compte employer ladite somme à l'acquisition d'un bien avec son conjoint) et d'autre part, en raison d'une obligation fiscale (les dons manuels doivent être déclarés auprès de l'administration fiscale car ils s'imputent sur l'abattement fiscal dont bénéficie celui qui le reçoit). Mais le donateur garde le choix entre deux procédés : la déclaration sur un imprimé fiscal qu'il suffit de retirer auprès de la recette des impôts. Cet imprimé en double exemplaire, signé par le donataire, est déposé par ce dernier auprès de la recette des impôts dont il dépend. L'administration fiscale l'enregistre en apposant un tampon sur les deux exemplaires, dont un est immédiatement remis au donataire. Il s'agit d'un moyen de preuve tout à fait recevable.

• **Le recours au notaire**

Pour les sommes importantes ou les donations de compte, titres ou autres placements (exemple : un plan d'épargne logement), le donateur préférera peut-être consulter le notaire pour profiter de ses conseils. Dans ce cas, la donation par acte notarié est taxée sur le même barème que la donation d'immeuble (les honoraires ne sont donc pas libres).

Pour finir, toute personne peut souhaiter déposer au rang des minutes d'un notaire une pièce (par exemple des partitions ou des photos) ou un acte sous seing privé afin de lui conférer une certaine authenticité. L'acte de dépôt n'a pas un coût élevé. Auparavant, il résultait du nombre de pages à cause du droit de timbre (un auteur avait donc plutôt intérêt à déposer son manuscrit auprès d'une société d'auteurs !). Il n'en est pas moins un acte important pour le notaire car il peut comporter plusieurs degrés. Il peut s'agir d'un simple acte de dépôt sans aucune vérification. Mais le requérant peut également demander au notaire de procéder à une reconnaissance d'écriture ou à une authentification de signatures. Dans ce cas, la responsabilité du notaire peut être engagée si quelqu'un vient à contester la pièce déposée.

Chapitre 2.

Les rendez-vous chez un notaire

Lorsqu'un particulier est confronté à un problème, peut-il prendre un rendez-vous pour un simple conseil ou peut-il poser sa question par écrit ?

Lorsqu'un dossier est déjà en cours, le client peut-il encore le confier à son propre notaire ?

I. Les questions écrites, les rendez-vous pour un conseil

Il est tout à fait possible de consulter un notaire sans avoir un dossier précis à lui confier immédiatement. C'est généralement le cas lorsqu'une loi, civile ou fiscale, vient modifier le droit de la famille. Par exemple la loi sur les successions du 3 décembre 2001 (applicable depuis le 1er juillet 2002) a fortement modifié le statut du conjoint survivant. Elle lui a d'abord conféré un droit au logement qui peut devenir viager. Elle a ensuite augmenté les droits légaux du conjoint : du quart en usufruit des biens de la succession, il est passé au choix entre le quart en pleine propriété ou la totalité en usufruit. Beaucoup de clients ont alors appelé leur notaire pour savoir ce que cette loi changeait par rapport à leur situation personnelle. D'autres voulaient savoir si les dispositions qu'ils avaient déjà prises (en général une donation entre époux) étaient toujours d'actualité. Ce genre de questions se pose difficilement par téléphone. Le client préférera une question écrite ou un entretien avec le notaire.

Nous allons prendre quelques exemples de questions et de réponses sur ce thème.

- **Question**

« Maître,

Suivant acte du 18 mai 1985, mon époux et moi-même, nous sommes consentis une donation entre époux. Cette donation porte sur la plus forte quotité disponible permise par la loi.

La nouvelle loi sur les successions protège-t-elle davantage mon époux ? Faut-il révoquer la donation que nous avions faite ? Je vous rappelle que nous avons deux enfants.

Vous remerciant par avance pour votre réponse, veuillez agréer, Maître, l'assurance de mes sincères salutations. »

- **Réponse**

« Chère Madame,

En réponse à votre lettre du ...., je vous précise qu'il n'est pas nécessaire de révoquer la donation entre époux que vous vous êtes mutuellement consentis avec votre époux. Elle vous offre le choix entre 3 options :

— *la totalité en usufruit (déjà permise par la loi),*

— *le quart en pleine propriété et les trois quarts en usufruit,*

— *la quotité disponible ordinaire, soit un tiers en pleine propriété en présence de deux enfants.*

Il est également possible d'exercer l'option légale sur le quart en pleine propriété.

Je demeure à votre disposition et vous prie de croire, chère Madame, à l'assurance de mes salutations distinguées. »

• L'explication

En pratique, cette loi s'est appliquée sans hésitation. En effet, dans les cas les plus courants, le conjoint survivant exerce l'option légale. Les donations entre époux restent donc sans effet, sauf si elles permettent d'accroître la part du conjoint survivant. Ce choix peut être plus avantageux fiscalement lorsque les enfants doivent payer des droits de succession. L'abattement entre époux étant plus élevé (76 000 euros au lieu de 50 000 euros en ligne directe), augmenter la part du conjoint permettra de réduire ou même de supprimer les droits de succession dus par les enfants.

• Question

Une autre question plus intéressante sur cette loi aurait pu être posée au notaire :

« *Maître,*

Je me suis remarié récemment et j'ai un enfant d'un premier mariage.

La nouvelle loi sur les successions protège-t-elle suffisamment mon épouse ?

Je reste dans l'attente de votre réponse.

Respectueuses salutations. »

• Réponse

« *Cher monsieur,*

La loi du 3 décembre 2001 réformant les successions confère, au conjoint survivant en présence d'enfants d'un premier mariage du défunt, des droits d'un quart en pleine propriété seulement. Il n'y a pas d'option légale comme pour le conjoint qui ne se retrouve pas en concours avec des enfants d'un premier lit.

Cependant la donation entre époux permet toujours d'accroître les droits du conjoint survivant par rapport à la loi.

Je suis à votre disposition pour convenir d'un rendez-vous au cours duquel nous pourrons évoquer ensemble cette possibilité.

Je vous prie de croire, cher Monsieur, à l'assurance de mes salutations distinguées. »

• **L'explication**

Le coût d'une donation entre époux n'est que de 85 euros. Il est en principe nécessaire d'établir deux actes : Une donation par Monsieur à Madame et une donation par Madame à Monsieur. Mais dans le cas exposé, un seul acte serait suffisant car seule la situation de Madame est moins avantageuse que celle de Monsieur, en raison de la présence de l'enfant de ce dernier. Si Madame n'a pas d'enfant d'un premier mariage, Monsieur pourra tout simplement exercer l'option légale. Dans le cas contraire, il serait nécessaire d'établir deux actes de donation entre époux.

Une autre réforme a soulevé des interrogations de la part des propriétaires d'immeubles : celle des plus-values. Le mode de calcul a été entièrement modifié par la loi de finances pour 2004.

Il est tout à fait normal qu'un propriétaire se pose la question de savoir s'il est imposable ou non avant de vendre un bien immobilier, surtout lorsqu'il compte remployer la somme dans l'achat d'un autre bien. Hormis les cas de la résidence principale et des biens acquis depuis plus de 15 ans, lesquels sont exonérés, le client peut très bien demander à son notaire un calcul préalable à la mise en vente de son bien.

• **Question**

« Maître,

J'envisage de vendre un appartement que j'ai acquis depuis deux ans. Je compte le mettre en vente au prix de 50 000 euros. Je l'ai acheté en 2003 au prix de 30 000 euros.

Quel sera le montant de la plus-value ? »

• **Réponse**

« Chère Madame,

Les biens acquis depuis moins de 5 ans ne bénéficient d'aucune réduction. Seuls les frais d'expertises (amiante, termites, plomb, mesurage) et les frais de l'acte d'achat peuvent être pris en compte.

Vous voudrez bien me communiquer ces deux derniers éléments si vous souhaitez que j'effectue un calcul précis. »

• **Question**

« Maître,

Mon père a hérité il y a 5 ans, d'un terrain qui depuis est devenu constructible, prenant ainsi une valeur importante.

En cherchant des informations sur les plus-values, j'ai lu que les titulaires de pension de retraite ou de carte d'in-

validité peuvent être exonérés de plus-values sous conditions de ressources.

Je vous communique une photocopie de l'avis de non imposition de mes parents.

Recevez, Maître, mes sincères salutations. »

• **Réponse**

« Monsieur,

En réponse à votre courrier, je vous précise que les cas d'exonération de plus-values sont les suivants :

— *être propriétaire du bien depuis plus de 15 ans,*
— *prix de vente inférieur à 15 000 euros,*
— *retraités et invalides de 2e et 3e catégories faiblement imposables à l'impôt sur le revenu.*

Par conséquent, si vos parents restent non imposables (l'avis en compte étant celui de l'avant-dernière année précédant la vente), la vente du terrain sera exonérée de plus-values. »

• **Question**

Un dernier exemple de courrier, sans rapport avec une nouvelle loi ou une quelconque réforme.

« Maître,

Je voudrais savoir si mes voisins, M. et Mme X., qui habitent comme moi au rez-de-chaussée, ont le droit de passer sur ma terrasse pour sortir par la rue R. »

• **Réponse**

« Chère Madame,

Je vous adresse une copie du règlement de copropriété de votre immeuble indiquant que votre terrasse est bien un lot privatif. Par conséquent, M. et Mme X. n'ont pas le droit d'y passer, à moins que vous ne leur accordiez une servitude de passage. »

• L'explication

Dans ce cas, le notaire consultera le règlement de copropriété (il faut donc s'adresser au notaire qui a établi cet acte). Il vérifiera si la terrasse ne constitue pas une partie commune laissée à la jouissance privative du propriétaire de l'appartement qu'elle dessert ou s'il n'existe pas une servitude de passage contenue dans le règlement de copropriété ou dans les actes de vente des deux propriétaires concernés. Ces deux hypothèses écartées, il pourra répondre que les voisins n'ont aucun droit de passer sur la terrasse pour sortir dans la rue.

Pour terminer avec les questions écrites, d'autres renseignements peuvent être demandés régulièrement au notaire : il s'agit des révisions de loyers ou de rentes viagères (à condition que le bail ou l'acte de vente aient été établis par le notaire).

Si toutefois le notaire n'accepte pas de répondre à ces questions écrites et demande au client de prendre rendez-vous (peut-être tout simplement pour lui demander plus d'informations afin de répondre avec certitude à la question), le problème du coût de la consultation va se poser. Il s'agit là d'un honoraire libre. Le prix de la consultation est en principe affiché dans la salle d'attente. Si le client est un habitué de l'étude, il saura déjà si la consultation est payante ou ne l'est pas. Si ce n'est pas le cas, il est plus prudent de poser la question avant de prendre rendez-vous.

Cependant, en général, un notaire renseignera son client gratuitement. Il sait en effet qu'il se verra confier le futur dossier, même dans plusieurs mois. Toutefois, si le client sollicite une demande particulière qui implique des recherches ou un travail plus ou moins long, ou s'il pose une question originale qui n'aboutira sur aucun dossier (par exemple, une question de droit public ou un problème qui ne pourra être résolu que devant les tribunaux), le notaire peut facturer son intervention. En effet, il devra peut être consulter le **CRIDON** (Centre de recherches, d'information et de documentation des notaires) afin d'apporter une réponse écrite à son client. Dans ce cas, le notaire annonce lors du premier rendez-vous qu'il compte se faire rémunérer pour le travail demandé et il discute librement de ses honoraires avec le client.

Le notaire est donc habilité à répondre à toutes les questions. Il préférera peut-être un rendez-vous afin de mieux cerner le problème du client et d'être certain de bien y répondre. Mais les questions les plus simples peuvent être d'abord posées par écrit.

II. Le rendez-vous pour un dossier

Faut-il prendre rendez-vous avant d'ouvrir un dossier chez un notaire ? Par exemple, en cas de vente d'un bien immobilier, le client peut très bien consulter le notaire avant le rendez-vous de signature du compromis pour lui demander certains renseignements (sur la plus-value pour le vendeur ou sur les frais d'acte pour l'acheteur). Le dossier de succession est quant à lui ouvert lors du premier rendez-vous car le notaire demande préalablement au client de lui remettre certains documents (voir 2e partie, chapitre 3).

Ce paragraphe concerne plutôt les cas où un dossier va être confié à un notaire ou qu'il l'est déjà et le client se demande s'il peut lui-même se faire assister par un autre notaire.

Par exemple, en cas de vente d'un bien immobilier, il est fréquent que le vendeur et l'acheteur aient chacun leur notaire. L'usage veut que le notaire du vendeur établisse le compromis et que le notaire de l'acheteur rédige l'acte définitif. Une exception : si le notaire de l'acheteur ne réside plus dans la même région, le notaire du vendeur gère la totalité du dossier, dans la mesure où l'immeuble est situé dans son ressort. Dans une succession, l'un des héritiers peut très bien demander conseil auprès de son notaire.

Ces doubles interventions n'entraînent aucun coût supplémentaire pour le client. Les honoraires sont tout simplement partagés entre les deux notaires.

La politesse exige seulement que le client qui veut faire intervenir son propre notaire l'indique immédiatement à l'autre partie. Cependant, la rapidité des affaires peut ne pas laisser à un acquéreur le temps de contacter son notaire avant la signature du compromis. Il peut également réaliser après cette signature qu'il pouvait solliciter l'intervention de son notaire. Il n'est jamais trop tard pour le demander et en informer l'autre notaire. La bienséance implique simplement de ne pas le faire au dernier moment. En effet, le notaire qui était seul en charge d'un dossier et qui a déjà tout préparé, risque de ne pas apprécier de voir l'un de ses confrères apparaître quelques jours avant la signature de l'acte !

Question

J'achète une maison. Dois-je aller chez le notaire du vendeur ?

Réponse

Le choix du notaire est libre. Si l'acheteur ne connaît aucun notaire en particulier auquel il souhaiterait confier son dossier, le notaire du vendeur s'en chargera seul et de la même façon que n'importe quel autre notaire. Mais il est fréquent que le vendeur et l'acheteur aient chacun leur notaire.

Question

Je ne sais pas à quel notaire confier mon dossier. Que puis-je faire ?

Réponse

Les Chambres des notaires organisent des journées de consultations gratuites, ponctuellement sur plusieurs jours et/ou une fois par semaine. C'est l'occasion pour le client de rencontrer un notaire et de se faire une opinion sur lui d'après les réponses qu'il apportera à ses questions.

Les notaires sont également présents lors de certains salons professionnels, comme les salons de l'immobilier.

Chapitre 3.

Le coût du notaire

Le but de ce chapitre est de faire connaître au client la répartition des frais de notaire à travers des exemples précis et courants. Ils n'ont pour seule prétention que de donner des repères au client. Il pourra ainsi apprendre à lire une taxe et mieux comprendre son relevé de compte. Il ne s'agit en aucun cas d'exemples à reproduire à la lettre ou au chiffre près.

Nous allons donc étudier quelques taxes d'actes à titre onéreux (ventes d'immeubles, prêt, liquidation de communauté) et à titre gratuit (donations, successions) en commençant d'abord par un petit vocabulaire de la taxe.

I. Petit vocabulaire de la taxe

Nous allons suivre les principaux postes d'une taxe.

A. Les émoluments proportionnels

Ce sont les honoraires du notaire. Ils sont fixés par un barème établi par décret. Seul l'Etat peut le revaloriser. Comme leur nom l'indique, ils sont proportionnels à la base sur laquelle ils sont calculés. Cette base est constituée :

— par le prix de vente dans une vente d'immeuble ;
— par l'évaluation des immeubles dans une donation ou une succession ;
— par le montant du prêt dans un prêt hypothécaire ;
— par l'actif brut dans un partage (de succession ou de communauté) ou dans une déclaration de succession.

B. Les émoluments de formalités

Ils sont fixés et définis par le même décret. Le notaire a droit à des honoraires pour les formalités suivantes :
— pour l'ensemble des demandes d'actes d'état civil ;
— pour l'ensemble des demandes au cadastre ;
— pour la purge des droits de préemption (commune, SAFER, Conseil général, pour les espaces naturels sensibles) ;
— pour l'établissement de l'extrait d'acte : il s'agit d'un imprimé rempli par le notaire pour la Conservation des Hypothèques (avec déclaration de plus-value, pour les ventes d'immeubles par exemple ou sans déclaration de plus-value, pour les donations et les successions) ;
— pour l'établissement des copies authentiques ;
— pour les copies libres ;
— pour la délivrance d'attestations de l'acte (remises en remplacement de l'acte en attendant qu'il soit publié à la Conservation des Hypothèques) ;
— pour la réquisition de publication à la Conservation des Hypothèques : le barème est dégressif selon le montant de l'acte (moins de 7 622,45 euros, entre 7 622,45 euros et 18 293,88 euros, plus de 18 923,88 euros) ;
— pour la réquisition de l'état hypothécaire : c'est un imprimé de demande de renseignements déposé à la

Conservation des Hypothèques qui délivre au notaire une copie de la fiche immobilière se rapportant au propriétaire et à l'immeuble concernés. Le notaire vérifie si la personne est bien propriétaire du bien en vertu d'un titre régulier et s'il n'est grevé d'aucune inscription hypothécaire ou d'une quelconque servitude. En outre, le coût de la demande est remboursé au notaire (voir débours) ;

— pour des démarches et recherches de renseignements divers : le notaire a, dans tous les cas, droit à ces honoraires généraux ;

— pour les notifications : dans une vente d'appartement, le notaire adresse une notification au syndic. Pour un prêt, deux notifications doivent être effectuées : l'une à la banque (il s'agit de l'avis de signature de l'acte) et l'autre à la compagnie d'assurance qui couvre le bien (en cas d'incendie, l'indemnité doit en effet être versée à la banque tant que le prêt n'est pas remboursé).

C. Les débours soumis à TVA

Il s'agit du remboursement de l'état hypothécaire : 12 euros plus 2 euros de frais de renvoi par demande ou 12 euros par immeuble ou 12 euros par personne (pour les fiches de propriétaire).

D. La TVA

On additionne les sommes indiquées aux paragraphes 1, 2, 3 et on y applique le taux de TVA à 19,6 % pour trouver le total des émoluments et des honoraires TTC.

E. Le Trésor public

➤ Le droit de timbre

Avant le 1er janvier 2006 il était perçu sur chaque page de la minute et de ses annexes, ainsi que la copie authentique. Son montant était de 3 euros par page. Il a été purement et simplement supprimé à partir du 1er janvier 2006. Mais cette suppression a été compensée par une augmentation corrélative des droits d'enregistrement (de 0,10 % à 0,20 % selon les cas). Le client n'est donc pas forcément gagnant ou du moins la diminution des frais d'actes n'est pas aussi importante qu'il pourrait le penser, sauf dans le cas des actes dont le nombre de pages est élevé, comme les ventes en état futur d'achèvement (de 50 à 60 pages).

➤ Taxe hypothécaire, droit d'enregistrement, droit fixe d'enregistrement

L'un ou l'autre étant perçu selon les actes (voir exemples plus loin) :
— la taxe hypothécaire **(0,715 %)**,
— le droit d'enregistrement **(5,09 %)**,
— le droit fixe d'enregistrement **(125 euros)**.

➤ Le salaire du Conservateur des Hypothèques

Proportionnel à la valeur des biens, il est versé à la Conservation des Hypothèques. Il est parfois inclus dans le terme « formalité unique ».

II. Les actes à titre onéreux

Nous allons maintenant retrouver ce qui vient d'être exposé à travers quelques exemples concrets d'actes courants avec des valeurs moyennes. Ces taxes sont qualifiées de taxes prévisionnelles car elles sont ensuite ajustées par le ou la comptable de l'étude une fois que l'acte est publié à la Conservation des Hypothèques, notamment en fonction des taxes versées. En effet, si l'acte fait l'objet d'un rejet à la Conservation des Hypothèques (par exemple pour une erreur d'état civil d'une des parties), il doit être déposé une seconde fois et il en coûtera 15 euros de plus. C'est pourquoi le notaire se ménage toujours une marge de manœuvre pour faire face à d'éventuels frais supplémentaires.

Nous allons prendre 4 cas : la vente d'un terrain à bâtir, la vente d'un immeuble à construire, la vente d'une maison, le prêt pour travaux.

Vente d'un terrain à bâtir sans prêt hypothécaire

➤ Les éléments de la taxe

M. et Mme X. achètent un terrain à bâtir au prix de 150 000 euros. Ils financent leur achat au moyen d'un prêt sous seing privé (sans hypothèque).

Les formalités suivantes devront être effectuées par le notaire : états civils, cadastre, purge du droit de préemption urbain, extrait d'acte avec plus-value, copies authentiques, copies libres, attestation en remplacement d'acte, réquisition de publication, réquisition d'état hypothécaire, renseignements et démarches.

➤ **La taxe**

		Montants
Emoluments proportionnels	Base : 150 000	1 528,35
Emoluments de formalité		300,51
Débours soumis à TVA		
Remboursement état		12,00
Total émoluments HT		1 840,86
TVA 19,6 %		360,80
Total émoluments TTC		**2 201,66**
Trésor public		
Publicité foncière		7 635,00
Salaire du conservateur		150,00
Total TTC		**9 986,66**

Vente d'un appartement sans prêt

➤ Les éléments de la taxe

M. P. achète un appartement neuf dans un programme de moins de 25 habitations, au prix de 160 000 euros TTC. Il finance cet achat sans prêt. Il est soumis au régime fiscal de la TVA (taux : 19,6 %). Ce genre de bien peut être acheté à titre de résidence principale ou pour réaliser un investissement défiscalisé. Le barème des frais varie selon le nombre d'unités d'habitations du programme. De 1 à 10, de 11 à 24, de 25 à 99, de 100 à 249, de 250 à 499, plus de 500.

Les formalités demandées sont les suivantes : états civils, cadastre, extrait d'acte avec plus-value, copies authentiques, attestation en remplacement d'acte, réquisition de publication, réquisition d'état hypothécaire, démarches et renseignements, bordereau d'inscription (il est pris une inscription de privilège du vendeur pour garantir le paiement du solde du prix puisqu'il est réglé par l'acquéreur au fur et à mesure de l'avancement des travaux de construction), copie exécutoire. De plus le notaire prend ici des frais de copie du règlement de copropriété qui sont exceptionnellement à la charge de l'acquéreur.

➤ La taxe

		Montants
Emoluments proportionnels	Base : 160 000	1 288,68
Emoluments de formalité		360,08
Débours soumis à TVA		
Remboursement hypothécaire		24,00
Copie règlement copropriété		50,00
Total émoluments HT		1 722,76
TVA 19,6 %		337,66
Total émoluments TTC		**2 060,42**
Trésor public		
Taxe hypothécaire	Base : 133 779,26	956,52
Salaire du conservateur		160,00
Salaire inscription		66,00
Total TTC		**3 242,94**

Vente d'une maison avec prêt

➤ Les éléments de la taxe

M. et Mme A. font l'acquisition d'une maison ancienne au prix de 134 155 euros. Ils la financent pour partie au moyen d'un apport personnel, pour partie au moyen d'un prêt au taux 0 et pour le solde avec un prêt conventionné. Le notaire comptera les formalités suivantes : états civils, cadastre, extrait d'acte avec plus-value, copies authentiques, copies libres, attestation, réquisition de publication, réquisition d'état hypothécaire, renseignements et démarches, notification à l'assurance, notification à la banque, bordereau d'inscription (un privilège prêteur de deniers va être pris au profit de la banque), copie exécutoire.

➤ La taxe

		Montants
Emoluments proportionnels :		
Vente	Base : 134 155,00	1 397,63
Prêt	Base : 45 000,00	266,14
Emoluments de formalité		402,72
Total émoluments HT		2 066,19
TVA 19,6 %		405,03
Total émoluments TTC		**2 471,52**
Trésor public		
Formalité unique		6 828,48
Salaire du conservateur		134,15
Etat		24,00
Salaire inscription		27,00
Total TTC		**9 488,15**

Prêt avec hypothèque

➤ Les éléments de la taxe

M. Y. a demandé un prêt pour effectuer des travaux dans un immeuble qu'il a acheté ou bien M. et Mme Z. ont acheté un terrain avec leurs deniers personnels. Ils ont besoin d'un prêt pour les travaux de construction de leur maison.

Dans les deux cas la banque prend comme garantie une hypothèque sur le bien. Montant du prêt : 190 000 euros.

Le notaire prend des honoraires pour les formalités suivantes : états civils, copies authentiques, copie exécutoire, copies libres, bordereau d'inscription, réquisition d'état hypothécaire, recherches et renseignements, notification à la banque, notification à l'assurance.

➤ **La taxe**

		Montants
Emoluments proportionnels	Base : 190 000,00	1 238,90
Emoluments de formalité		134,40
Débours à TVA		
Etat		24,00
Total émoluments HT		1 397,30
TVA 19,6 %		238,87
Total émoluments TTC		**1 671,17**
Trésor public		
Enregistrement sur état		125,00
Formalité unique		1 358,50
Total TTC		**3 154,67**

III. Les actes à titre gratuit

Donation d'un immeuble

➤ Les éléments de la taxe

Par souci de simplification pour le lecteur, nous allons prendre l'exemple d'une donation en pleine propriété : Mme A. donne à ses 3 enfants un appartement évalué à 120 000 euros. Cette donation n'entraîne aucun droit de mutation, seuls les frais de l'acte seront dus.

Les formalités obligatoires sont : les états civils, le cadastre, l'extrait d'acte sans plus-value, l'attestation en remplacement de l'acte, la réquisition de publication, la réquisition d'état hypothécaire, les copies authentiques, les copies libres, les recherches de renseignements et les démarches.

➤ **La taxe**

		Montants
Emoluments proportionnels	Base 120 000	1 280,85
Emoluments de formalité		165,70
Débours soumis à TVA		
Etat hypothécaire		28,00
Total émoluments HT		1 474,55
TVA 19,6 %		289,01
Total émoluments TTC		**1 763,56**
Trésor public		
Taxe hypothécaire	Base : 120 000	858,00
Salaire conservateur		120,00
Total TTC		**2 741,56**

Liquidation de communauté avant divorce

➤ Les éléments de la taxe

Dans ce cas particulier, deux actes sont établis par le notaire :

1) La liquidation sous réserve d'homologation par le juge aux affaires matrimoniales. Cet acte comporte la désignation complète des biens immobiliers, ainsi que leurs origines de propriété et définit les attributions.

2) Le dépôt du jugement de divorce. C'est le deuxième acte qui constate la transmission de propriété des immeubles et qui fait l'objet de la publication à la Conservation des Hypothèques. Il reproduit la désignation et l'attribution des biens immobiliers.

Il y a donc double frais pour les clients. Soit le notaire les réclame successivement, avant la signature de chaque acte puisque les parties doivent de toutes façons se déplacer deux fois à l'étude. Soit il les demande en intégralité lors de la signature du premier acte.

Prenons l'exemple d'un couple marié sous le régime de la communauté. Il est propriétaire de deux appartements d'une valeur égale de 55 000 euros. Chacun va se voir attribuer un appartement dans la liquidation.

Pour les émoluments du notaire, cet acte est analysé comme un partage. Certaines formalités seront demandées deux fois car elles ont une durée de validité limitée : il s'agit du cadastre (l'extrait cadastral, qui doit être déposé à la Conservation des Hypothèques avec la copie authentique, est valable six mois) et de l'état hypothécaire (à renouveler tous les deux mois).

Premier acte : liquidation avant divorce

La base de calcul est la valeur totale des biens soit 110 000 euros.

Premières formalités : états civils, cadastre, extrait d'acte sans plus-value, copies authentiques, copies libres, attestation de remplacement d'acte, réquisition de publication, réquisition d'état hypothécaire, renseignements et démarches.

➤ La taxe

		Montants
Emoluments proportionnels	Base : 110 000,00	599,00
Emoluments de formalités		191,91
Débours soumis à TVA		
Remboursement hypothécaire		52,00
Total émoluments HT		842,91
TVA		165,21
Total émoluments TTC		**1 008,12**
Trésor public		
Enregistrement		125,00
Total TTC		**1 133,12**

Deuxième acte : dépôt jugement de divorce

Deuxièmes formalités : cadastre, extrait d'acte sans plus-value, réquisition d'état hypothécaire, réquisition de publication, copies authentiques, copies libres.

➤ La taxe

		Montants
Emoluments proportionnels	Base : 110 000,00	599,00
Emoluments de formalités		121,09
Débours soumis à TVA		
Remboursement hypothécaire		52,00
Total émoluments HT		772,09
TVA 19,60 %		131,32
Total émoluments TTC		**923,41**
Trésor public		
Enregistrement		783,00
Total TTC		**1 706,41**

Partage après divorce

➤ Les éléments de la taxe

Dans ce cas, un seul acte est établi après le prononcé du divorce : il s'agit d'un acte de partage. En pratique, ces cas correspondent aux procédures de divorces contentieux (voir partie 2, chapitre 2).

Par exemple, le tribunal de grande instance prononce le divorce de M. et Mme C. aux torts exclusifs de M. C. La communauté comprend une maison d'habitation évaluée à 152 449 euros. Le prêt qui a servi à son acquisition est intégralement remboursé. Il n'y a donc pas de passif de communauté. La maison est attribuée à Mme, à charge pour elle de verser à Monsieur une soulte de 76 224,50 euros. Cette soulte est payée comptant.

Les formalités retenues seront : les états civils, le cadastre, l'extrait d'acte sans plus-value, les copies authentiques, les copies libres, l'attestation en remplacement de l'acte, la réquisition de publication, la réquisition d'état hypothécaire, les renseignements et démarches.

➤ **La taxe**

		Montants
Emoluments proportionnels :		
Partage	Base : 152 449,00	1 548,56
Emoluments de formalités		234,59
Débours soumis à TVA		
Remboursement état		28,00
Total des émoluments HT		1 807,15
TVA 19,60 %		354,20
Total émoluments TTC		**2 161,35**
Trésor public		
Droits d'enregistrement		1 676,93
Salaire du conservateur		152,45
Total TTC		**3 990,73**

Succession

Nous allons prendre pour exemple un cas très courant : Monsieur décède en laissant :

— son épouse avec laquelle il était marié sous le régime légal de la communauté réduite aux acquêts ;

— 3 enfants issus de cette union.

Le patrimoine immobilier se compose d'une maison évaluée à 155 000 euros. Il s'agit d'un bien de communauté. Le conjoint survivant opte pour la totalité en usufruit.

Il en résulte que cette succession ne donne pas lieu à paiement de droits de succession. Seuls les frais de notaire seront dus.

Le notaire doit établir 3 actes :

— l'acte de notoriété : il constate la dévolution successorale et l'acceptation de la succession par les héritiers ;

— l'attestation de propriété : elle réalise la transmission de propriété des biens immobiliers au profit des héritiers (le conjoint et les enfants). Cet acte est publié à la Conservation des Hypothèques ;

— la déclaration de succession : ce n'est pas un acte notarié mais une déclaration fiscale qui est rédigée par le notaire.

➤ L'acte de notoriété

Les frais de l'acte de notoriété sont fixes. Ils s'élèvent en principe à 325 euros.

➤ L'attestation de propriété

Les formalités du notaire sont : les états civils, le cadastre, l'extrait d'acte sans plus-value, les copies authentiques, les copies libres, la réquisition de publication, la réquisition de l'état hypothécaire, les recherches et renseignements.

➤ La taxe

		Montants
Emoluments proportionnels	Base : 155 000,00	796,05
Emoluments de formalité		108,24
Debours soumis à TVA		
Remboursement état		12,00
Total des émoluments HT		916,29
TVA 19,60 %		176,59
Total émoluments TTC		**1 095,88**
Trésor public		
Formalité unique		125,00
Total TTC		**1 220,88**

La déclaration de succession

➤ Les éléments de la taxe

— Actif mobilier (comptes en banque) : 29 109,33.

— Actif immobilier : 155 000 euros. L'article 17-111 de la loi de finances pour 1999 permet de réduire de 20 % la valeur vénale de la résidence principale dans la déclaration de succession. La valeur portée sera donc de 124 000 euros.

— Passif de communauté : une facture pour 68 euros.

— Forfait mobilier : 5 % du boni de communauté soit :

Actif brut de communauté	153 109,93
Passif de communauté	68,00
Actif net de communauté	153 041,13
Boni de communauté (1/2)	76 520,56
Forfait 5 % de 76 250,56	3 827,75

Pourquoi ce calcul ? Parce que les émoluments du notaire sont perçus sur l'actif brut de communauté (153 109,93) et le forfait mobilier (3 827,75), soit une base de calcul de 156 937,68 euros.

Si le défunt était propriétaire de biens immobiliers propres, il y aurait lieu de les ajouter à la base de calcul des émoluments du notaire (qui serait donc la suivante : Actif brut de communauté + forfait mobilier + biens propres).

➤ La taxe

		Montants
Emoluments proportionnels	Base : 156 937,68	804,57
Total émoluments HT		804,57
TVA 19,60 %		157,70
Total TTC		**962,27**

Ces quelques exemples auront éclairé le lecteur sur la présentation des frais des actes les plus courants. Sans rentrer dans les barèmes des émoluments, qui sont complexes et différents selon les actes, ils lui donneront une idée de la répartition des frais.

Chaque cas est bien sûr différent. Ceux qui ont été exposés ici sont relativement simples. Par exemple, si une donation porte sur un immeuble de communauté et si les deux donateurs s'en réservent l'usufruit, le calcul sera beaucoup plus compliqué et les émoluments proportionnels auront deux bases, celle de la part donnée par chaque donateur !

Il est donc indispensable de vous adresser à un notaire si vous souhaitez un calcul aussi précis que ceux qui viennent d'être reproduits. Leur lecture pourra vous aider à mieux comprendre le montant qui vous sera indiqué par le comptable.

Partie 2.

Comment le notaire traite mon dossier

Vous avez dû avoir recours à un notaire ou vous avez choisi de lui confier votre dossier.

Comment va-t-il le traiter ? Quels documents ou renseignements va-t-il vous demander ? Pourquoi ?

Autant de questions qu'un usager confronté aux démarches administratives se pose régulièrement !

Cette deuxième partie va expliquer les vérifications que le notaire doit effectuer avant de rédiger un acte à travers trois grands événements de la vie :

— Je vends ou j'achète un bien immobilier ou un fonds de commerce.

— Je me marie ou je divorce ?

— Je veux transmettre mes biens à mes enfants ou j'hérite.

Chapitre 1.

Je vends ou j'achète un bien immobilier ou un fonds de commerce

Aussi bien l'acheteur que le vendeur sont tenus à certaines obligations.

Nous apprendrons ensuite à lire et comprendre les clauses importantes dans un compromis de vente ou dans un acte de vente. Nous nous demanderons enfin s'il est possible de rectifier un acte une fois qu'il a été signé.

I. Les obligations du vendeur et de l'acheteur

A. Le vendeur

Je vends un bien immobilier. Quels documents dois-je fournir au notaire avant la signature du compromis ?

➤ Le titre de propriété

Nous l'avons déjà dit, le notaire est tenu de vérifier la propriété régulière du vendeur. Elle commence par la lecture du titre de propriété. Elle permettra au notaire de s'attarder sur les points suivants :

— L'état civil du propriétaire a-t-il changé ? S'il était célibataire lors de l'achat du bien immobilier et s'il s'est depuis marié, le notaire lui demandera le nom et les prénoms de son épouse, la date et le lieu de leur mariage ainsi que leur régime matrimonial. Tout bien possédé avant le mariage reste un bien propre de l'époux, sauf en cas d'adoption du régime de la communauté universelle. Dans ce dernier cas, le bien doit être revendu par les deux époux même s'il a été acquis par un seul d'entre eux car il fait désormais partie de la communauté.

— La désignation du bien correspond-elle à celle qui lui a été annoncée ? Les références cadastrales ont pu changer (par exemple, suite à une division du terrain). Ce changement a pu entraîner une modification de contenance cadastrale qui devra, peut-être, être expliquée à l'acquéreur. (Il est fréquent de corriger des erreurs cadastrales constatées dans le passé.)

Si le vendeur avait acheté un terrain à bâtir et s'il a construit une maison, le notaire lui demande de lui remettre le permis de construire, la déclaration de l'achèvement des travaux, le certificat de conformité et, si les travaux ont été réalisés depuis moins de dix ans, l'assurance dommage ouvrage (obligatoire pour des travaux de ravalement de façade, réfection complète de la toiture ou construction d'une maison). Pourquoi autant de précautions ? Parce que le bénéfice de l'assurance dommage ouvrage (valable 10 ans) continue au profit de l'acheteur et que le vendeur doit lui fournir le contrat pour qu'il puisse le mettre en œuvre si des désordres apparaissent. De plus, l'obtention d'un permis de construire ne suffit pas. Encore faut-il réaliser les travaux conformément à ses prescriptions ! Si le propriétaire ne les respecte pas, la commune ne délivrera pas le certificat de conformité. Elle pourrait de plus demander la démolition de la construction dans les délais légaux prévus à cet effet.

Le bien vendu est-il grevé ou bénéficie-t-il d'une servitude ? (passage piétons, canalisations). Dans les deux cas le notaire essaiera de récupérer le plan des servitudes. Le tracé est toujours plus parlant que la description qui n'est parfois pas très détaillée.

➤ Le règlement de copropriété

Lorsque le bien vendu est un appartement ou une maison situés dans un ensemble immobilier soumis au régime de la copropriété, le vendeur doit dans un premier temps indiquer au notaire les coordonnées du syndic de la copropriété. Un paragraphe est prévu à cet effet dans le compromis de vente (voir plus loin). Le notaire adresse au syndic un questionnaire préalable à la vente afin de recueillir certains renseignements obligatoires sur la situation de la copropriété.

Au moment de la signature de l'acte de vente, le vendeur est tenu de remettre à l'acheteur un exemplaire du règlement de copropriété. Il se peut aussi que l'acheteur lui demande de le consulter avant. Ce document régit l'organisation de la copropriété et peut contenir des précisions particulières (par exemple des servitudes à l'intérieur de la copropriété). L'acheteur va devenir à son tour membre de la copropriété. Il est donc tout à fait naturel qu'il en prenne connaissance, d'autant plus qu'il sera tenu de le respecter. Il se peut que le vendeur ne soit pas en possession d'une copie du règlement de copropriété. Dans ce cas, à moins qu'il ait été établi par le notaire qui reçoit l'acte de vente, ce dernier en demandera une copie à la Conservation des Hypothèques ou au notaire qui l'a rédigé. Les frais de copie sont alors à la charge du vendeur.

➤ Le règlement du lotissement

Si l'immeuble, objet de la vente, fait partie d'un lotissement, le vendeur doit fournir en principe à l'acheteur le règlement du lotissement et les statuts de l'association syndicale. Ces documents lui ont été normalement remis lorsqu'il a lui-même acheté son terrain ou une maison neuve. Toutefois, le règlement du lotissement (qui contient notamment les règles d'urbanisme applicables au lotissement) ne s'applique que pendant une durée de 10 ans. Au-delà de cette période, deux situations peuvent se présenter :

— soit les prescriptions du plan local d'urbanisme définies par la commune prennent automatiquement le relais et s'appliquent désormais au lotissement. Il n'y a donc pas lieu de se préoccuper du règlement du lotissement ;

— soit les co-lotis ont décidé de maintenir les règles spécifiques au lotissement. Il reste donc toujours en vigueur.

Quant à l'association syndicale, elle a pour objet de gérer les parties communes du lotissement (voirie, espaces verts...). Elle se réunit régulièrement, comme une assemblée de copropriétaires. Les statuts définissent ses compétences. Tant qu'elle fonctionne, le notaire devra également envoyer un questionnaire au président de l'association syndicale. Ce dernier indiquera les charges que l'acheteur devra ensuite assumer.

Si le vendeur n'est pas en possession de ces documents, il sera peut-être plus difficile d'en obtenir une copie. Ils sont en effet rarement établis par acte notarié. Ils font par contre en principe l'objet d'un acte de dépôt au rang des minutes de l'étude chargée du lotissement. Même si le vendeur n'encourt aucune sanction particulière, il a quand même intérêt à conserver tous les documents qui ont pu lui être remis lors de son propre achat puisque les frais de copies seront à sa charge.

➤ Les diagnostics

Tout immeuble bâti doit faire l'objet de 3 ou 4 expertises réalisées par un expert qualifié et certifié :

• L'état parasitaire

Il est obligatoire lorsqu'un arrêté préfectoral le prévoit. La plupart des départements y sont à présent soumis. Il s'agit de procéder à la recherche des termites et insectes xylophages dans tout immeuble bâti quel qu'en soit l'usage (habitation, commercial...). Sa durée de validité est de 3 mois. Au-delà il faut le renouveler.

• Le diagnostic amiante

Il a été rendu obligatoire par le décret du 7 février 1996 modifié en 1997, sauf pour les immeubles dont le permis de construire a été délivré après le 1er juillet 1997. A partir de cette date, l'utilisation de l'amiante a été interdite. Au départ, il ne s'appliquait qu'aux lots de copropriété et aux parties communes des ensembles immobiliers. Il a été ensuite étendu à tous les immeubles bâtis (maisons, locaux commerciaux, professionnels, entrepôts...).

• Le certificat de superficie « loi Carrez »

Il ne s'applique qu'aux lots de copropriété (appartements, bureaux ou commerces). La loi du 18 décembre 1996 et un décret du 23 mai 1997 (devenus l'article L. 1334-13 alinéa 1 du Code de santé publique) ont en effet obligé le vendeur d'un lot de copropriété à indiquer dans l'acte de vente la surface exacte des lots dont il est propriétaire (selon certains critères définis par cette loi). Il peut le faire sous sa propre responsabilité, sans avoir recours à un expert mais nous verrons plus loin les conséquences de cette mention. Un jour, ce mesurage obligatoire sera peut-être étendu aux bâtiments indépendants...

• Le diagnostic plomb

La recherche de plomb est obligatoire sur tout immeuble d'habitation construit antérieurement au 1er janvier 1948 (article 1334-5 du Code de santé publique). Après cette date, le plomb n'était en principe plus utilisé dans les peintures.

Les expertises seront demandées par le notaire avant la signature du compromis car, dans le cas de l'amiante notamment dont la recherche est imposée par la loi, le vendeur resterait tenu de sa garantie des vices cachés vis-à-vis de l'acquéreur. L'intervention ultérieure de l'expert ne l'exonérerait pas de sa propre responsabilité. De même, la révélation de la présence de termites pourrait faire l'objet d'une négociation du prix de vente entre le vendeur et l'acheteur. L'acheteur pourrait demander une diminution du prix et prendre alors à sa charge les travaux nécessaires. A l'inverse, le prix pourrait être maintenu et le vendeur assumerait le coût des travaux selon un devis accepté par les deux parties. C'est la raison pour laquelle il est préférable de connaître la situation de l'immeuble dès la signature du compromis. L'éventuelle négociation pourra ainsi avoir lieu avant toute signature.

Les frais de ces expertises sont à la charge du vendeur. Ils sont en général calculés selon la surface du bien. Le vendeur a le libre choix de l'expert pour comparer les tarifs. Le notaire devra simplement s'assurer que ce dernier est certifié (il doit être titulaire d'un diplôme attestant sa qualification) et qu'il possède une assurance responsabilité professionnelle. C'est en effet l'expert qui est responsable de ses expertises.

La facture de l'expert peut être réglée lors de la signature de l'acte de vente par prélèvement sur le prix. Cependant, certains experts exigent d'être réglés directement par le vendeur lors de la remise des rapports, au lieu d'attendre deux mois environ avant d'être réglés.

➤ Le bornage d'un terrain (article L. 111-5-3 du Code de l'urbanisme)

La loi **SRU** (Solidarité et rénovation urbaine) du 13 décembre 2000 a modifié les cas dans lesquels le bornage d'un terrain est désormais exigé. Lorsque le terrain est situé dans une zone d'aménagement concertée ou dans un lotissement, le vendeur doit obligatoirement faire appel à un géomètre expert pour réaliser un bornage du terrain. Le géomètre établira un plan qui sera remis au notaire. Ce plan sera visé par les parties et annexé à l'acte de vente. Les frais du géomètre sont à la charge du vendeur.

Dans les autres cas, le bornage est facultatif mais pourrait être demandé par l'acquéreur.

➤ Le tableau d'amortissement d'un prêt

Lorsque l'immeuble est grevé d'une inscription hypothécaire au profit d'une banque, le vendeur est tenu d'en rapporter la mainlevée, c'est-à-dire sa radiation. Cette formalité reste obligatoire même dans le cas où le prêt a été remboursé mais où l'inscription est toujours en cours de validité. Cette situation peut en effet se présenter car les inscriptions sont toujours prises pour un délai supérieur de 2 ans à la durée du prêt. Bien que le prêt soit soldé, l'inscription subsiste. Si le vendeur vend son bien pendant cette période, il n'en est pas moins obligé de faire procéder à la radiation de l'inscription. L'immeuble doit être vendu « libre et franc de toute inscription ».

En pratique, c'est le notaire qui se charge de ces formalités. Pour cela il a besoin des coordonnées de la banque et du numéro du prêt, à moins que ces éléments figurent déjà sur le titre de propriété du vendeur. Le plus simple est d'apporter le tableau d'amortissement du prêt.

Si le prêt est déjà arrivé à échéance, le notaire va simplement demander à la banque un pouvoir au profit d'un clerc de l'étude pour la représenter dans l'acte qui constate la mainlevée.

Si le prêt doit faire l'objet d'un remboursement anticipé, le notaire demandera un décompte arrêté à la date prévue pour la vente. Ce décompte indique le capital restant dû, les intérêts et l'indemnité de remboursement anticipé. Le notaire procède ensuite au paiement auprès de la banque, après approbation du décompte par le vendeur. Ce n'est qu'après ce règlement que cette dernière délivre le pouvoir pour la mainlevée de son inscription.

Les frais de l'acte de mainlevée sont à la charge du vendeur. Ils sont retenus sur le prix de vente et sont calculés sur la base du montant de l'inscription prise à la Conservation des Hypothèques (c'est-à-dire le montant du principal du prêt + les accessoires évalués sur le bordereau d'inscription). Les deux exemples suivants donneront une idée des frais :

- **1er exemple**

M. et Mme Y achètent une maison dans laquelle ils effectuent des travaux, l'ensemble au moyen d'un prêt. Deux inscriptions vont être prises au profit de la banque :

— un privilège de prêteur de deniers : il garantit le montant du prêt affecté à l'achat de la maison. Dans notre cas, le montant en principal et accessoires de l'inscription s'élève à 82 322,47 euros ;

— une hypothèque conventionnelle : elle garantit la partie du prêt qui se rapporte aux travaux et qui dépasse donc le prix de vente. Montant global de cette inscription = 58 540,42 euros.

Le montant des frais de mainlevée s'élèvera ici à 1 150 euros.

• 2e exemple

Mme Z a besoin de trésorerie. Sa banque lui consent un prêt mais prend une hypothèque sur sa maison en garantie. Montant global de l'inscription 72 000 euros. Le montant des frais de l'acte de mainlevée sera de 700 euros.

Comme indiqué précédemment (partie 1, chapitre 3), ces frais constituent des provisions retenues par le notaire. Ils comprennent notamment l'éventuel coût de la procuration délivrée par la banque. En effet, certaines banques demandent au notaire de leur adresser un chèque pour établir la procuration. Le montant varie selon les établissements. Il est normalement indiqué dans les barèmes des frais des banques remis chaque année à leurs clients. D'autres se font représenter par un notaire qu'elles chargent de rédiger les procurations pour leur compte. Le notaire chargé de l'acte de mainlevée sera donc renvoyé vers l'un de ses confrères auquel il règlera le coût de son intervention.

Ces frais sont rarement connus à l'avance par le notaire. En effet, certaines banques qui délivraient jusqu'alors les procurations gratuitement se mettent à les facturer ou inversement. D'autre part, le tarif évolue. C'est pourquoi la provision sur frais est en pratique arrondie d'une centaine d'euros. Le coût de la procuration peut parfois atteindre 150 euros lorsqu'elle est établie par un confrère. Une fois l'acte de mainlevée publié à la Conservation des Hypothèques, le notaire restituera au vendeur le solde de la provision. C'est pourquoi le vendeur doit prendre soin d'indiquer au notaire sa nouvelle adresse ou tout changement de coordonnées intervenu tant que son compte à l'étude n'est pas soldé. Une dernière précision sur ce sujet : les frais qui viennent d'être indiqués sont ceux qui sont perçus par le notaire. Mais les banques retiennent parfois elles-mêmes des frais de dossier à leurs clients, par exemple pour l'établissement des décomptes de remboursement des prêts. Ces frais sont définis dans les barèmes des banques et indiqués quelquefois dans les correspondances adressées au notaire : « Les frais d'établissement de ce décompte ont été facturés à X euros sur le compte du client ».

Tous ces éléments permettent au vendeur de demander des renseignements tant à sa banque qu'au notaire pour évaluer les frais d'une mainlevée.

➤ Le vendeur est en outre tenu de certaines obligations légales

• La garantie d'éviction

Le vendeur doit garantir l'acheteur de tout trouble ou éviction sur le bien vendu. Cela signifie qu'aucune autre personne ne doit pouvoir revendiquer un quelconque droit sur le bien. (Par exemple, un titre d'occupation ou une servitude qui n'aurait jamais été constatée par écrit mais dont le vendeur aurait parfaitement connaissance.) Le notaire est tenu de vérifier ces éléments. De plus, lors de la vente, le vendeur doit remettre à l'acheteur un bien libre de toute occupation ou location.

a) Occupation

Le vendeur doit avoir enlevé tous les meubles garnissant le bien (à moins que l'acheteur ait demandé à en conserver certains), ainsi que d'éventuels détritus entreposés dans un terrain. Si tel n'est pas le cas, le notaire peut refuser de fixer un rendez-vous de signature.

b) Location

Si l'acheteur compte habiter l'immeuble, ce dernier ne doit pas faire l'objet d'un bail en cours. Si un propriétaire veut vendre un immeuble libre, il doit donner congé à son locataire 6 mois avant la date de la fin du bail. Une fois ce délai dépassé, il faudra à nouveau attendre 3 ans pour signifier un nouveau congé sinon, deux situations se présentent :

— soit le bien est vendu loué, l'acheteur percevra les loyers à la place du vendeur et sera ensuite libre de poursuivre ou d'arrêter le bail dans les conditions prévues par la loi. Le vendeur devra fournir le bail au notaire dès la signature du compromis. Il sera ensuite confié à l'acheteur. Au moment de la vente, il remettra à l'acheteur le dépôt de garantie et le prorata du loyer du mois en cours.

— soit le vendeur doit proposer la vente au locataire pour lui permettre d'exercer éventuellement son droit de préemption. Les conditions indiquées doivent strictement être les mêmes que celles proposées à l'acheteur. Le locataire aura alors un délai de deux mois pour faire part de sa réponse. En pratique, la notification de la vente peut être faite soit par le vendeur lui-même, soit par le notaire après la signature du compromis.

• La déclaration de plus-value

Le vendeur est tenu de déclarer à l'administration fiscale la plus-value qu'il réalise sur la vente d'un immeuble. Avant la loi de finances pour 2004, c'était le contribuable qui effectuait lui-même cette déclaration l'année suivante après avoir retiré un imprimé à la recette des impôts. Le notaire n'avait qu'à l'informer de cette obligation mais n'était pas chargé du calcul de la plus-value. En pratique, de nombreux clients consultaient leur notaire pour les aider à remplir l'imprimé. Depuis le 1er janvier 2004, la déclaration de plus-value doit être déposée à la Conservation des Hypothèques avec la copie authentique de l'acte de vente. Elle est donc établie et signée au moment de la vente. Ce sont en réalité les notaires qui effectuent le calcul et remplissent l'imprimé. Ils ont droit à un honoraire de 49,20 euros hors taxe pour cette démarche. Toutefois, si le calcul s'avère compliqué et demande plusieurs heures, le notaire peut le facturer au vendeur selon un honoraire libre. S'il le souhaite, le vendeur peut prendre connaissance du calcul de sa plus-value avant la signature de l'acte de la vente, ce qui lui permettra de demander les explications nécessaires à son notaire, plutôt que le faire devant l'acheteur au moment de la signature.

B. L'acheteur

Ses obligations sont plus légères que celles du vendeur et s'exercent plutôt vis-à-vis du notaire.

➤ L'état civil complet

L'acheteur doit fournir au notaire une copie de son livret de famille ou de sa carte d'identité, à moins bien sûr qu'il ne soit déjà client de l'étude. Le notaire réunit ces renseignements en vue de la publicité foncière de l'acte.

Article 5 du décret du 4 janvier 1955 portant réforme de la publicité foncière : *« Tout acte ou décision judiciaire sujet à publicité dans un bureau des hypothèques doit contenir les nom, prénoms, dans l'ordre de l'état civil, domi-*

cile, date et lieu de naissance et profession des parties, ainsi que le nom de leur conjoint ».

Une fiche va être créée à la Conservation des Hypothèques. Elle comportera le nom, les prénoms, la date et le lieu de naissance de l'acheteur. Une erreur pourrait entraîner le rejet d'un acte ultérieur.

Par exemple : l'acheteur omet d'indiquer tous ses prénoms et le notaire ne vérifie pas son état civil (ce qui peut arriver dans la précipitation de la signature de certains actes). Une fiche sera ouverte au nom de Monsieur DURAND Eric. Quelques années plus tard, il revend son bien. Cette fois le notaire demande un extrait d'acte de naissance. Il établit l'acte de vente au nom de Monsieur DURAND Eric François. Lorsque l'acte sera déposé à la Conservation des Hypothèques, il fera l'objet d'un rejet au motif suivant : « Pas de fiche au nom de DURAND Eric François ». Dans ce cas, il est cependant facile de rectifier l'erreur : il suffit de déposer un extrait d'acte de naissance de moins de trois mois pour prouver que « DURAND Eric » et « DURAND Eric François » sont bien la même personne.

➤ Les modalités de financement

L'acquéreur doit indiquer au notaire les modalités de financement de son achat dès la signature du compromis. Il bénéficie en effet d'une condition suspensive légale pour l'obtention de son prêt (voir plus loin). Après la signature du compromis, il fournira en principe au notaire 3 documents :

1) La demande de prêt : il a normalement un délai de 15 jours pour la déposer auprès d'une banque. Il doit en justifier au cas où sa demande ferait l'objet d'un refus.

2) L'attestation d'accord de prêt : dès que le prêt est accepté par la banque, l'acquéreur emprunteur demande une attestation à cette dernière. Elle prouvera au vendeur

que la condition suspensive est bien réalisée et que la vente suit son cours.

3) Une copie de l'offre de prêt : dès qu'il la reçoit, il est préférable que l'acheteur en envoie une copie au notaire. D'une part, le compromis prévoit que c'est ce document qui doit justifier de l'obtention du prêt (et non une simple attestation), d'autre part, elle permettra au notaire de suivre les délais relatifs au prêt (11 jours pour retourner l'offre, envoi du dossier par la banque). Si le vendeur l'interroge, il pourra lui indiquer une date approximative de signature en fonction de l'avancement du dossier de prêt.

➤ Les statuts de société et l'extrait d'immatriculation

Si l'acheteur est une société, le notaire doit l'identifier : grâce à l'extrait Kbis (ou extrait d'immatriculation), il pourra reproduire sur le compromis et l'acte les éléments nécessaires à la publicité foncière pour les sociétés, c'est-à-dire :

Article 6 du décret du 4 janvier 1955 : *« tout acte ou décision judiciaire sujet à publicité dans un bureau des hypothèques doit contenir l'identification des sociétés, associations, syndicats et autres personnes morales, par leur dénomination et indiquer, en outre, pour toutes les sociétés, leur forme juridique et leur siège social, pour les sociétés commerciales leur numéro d'immatriculation au registre du commerce » (obligatoire à présent pour toutes les sociétés).*

Il doit aussi vérifier les pouvoirs de celui qui représente la société : il les trouvera dans les statuts et dans la délibération qui aura nommé le gérant.

➤ Le chèque de banque

La rapidité des affaires veut que les vendeurs demandent au notaire de leur remettre leur chèque le plus rapidement possible. Pour éviter les chèques sans provision ou pour ne pas attendre le délai légal d'encaissement du chèque (10 jours), le Conseil supérieur du notariat a demandé aux notaires d'exiger de la part des clients un chèque de banque à partir d'une certaine somme versée par ces derniers. Ce seuil est actuellement de 46 000 euros. L'acheteur doit donc demander à la banque d'établir ce chèque à l'ordre du notaire avant la signature de l'acte de vente. Le notaire est ainsi certain que le compte de l'acheteur est approvisionné (sinon la banque ne délivrera pas le chèque). Il peut également remettre le prix de vente au vendeur sans délai particulier (si ce n'est celui de la comptabilité de l'étude). Certaines études vont même plus loin que la directive du Conseil supérieur du notariat : elles exigent un chèque de banque quelque soit le montant demandé. Il est toutefois précisé que lorsque le prix est payé au moyen d'un prêt, la banque envoie automatiquement le chèque au notaire suite à l'appel de fonds de ce dernier, sans que l'acheteur ait besoin de s'en préoccuper.

C. Dans le cadre d'une vente d'un fonds de commerce

Nous terminerons par l'indication des pièces demandées au vendeur et à l'acheteur d'un fonds de commerce. Cet acte ne relève pas du monopole des notaires mais il n'en est pas moins courant dans les études. Voici comment le notaire va les traiter :

➤ Documents demandés au vendeur

• Le titre de propriété

Il s'agit de l'acte d'achat du fonds de commerce (qui peut être un acte sous seing privé). Si le vendeur avait lui-même créé son fonds, il lui suffira de remettre son extrait d'immatriculation (à la rubrique « origine du fonds », il sera indiqué : « Création »).

• L'extrait d'immatriculation

Il indique le numéro sous lequel le vendeur est immatriculé et qui va être repris par l'acheteur, ainsi que l'activité exacte qui est exercée dans le fonds (c'est celle qui doit être reproduite dans l'acte de vente).

• Le chiffre d'affaires et le bénéfice des trois dernières années

Il s'agit d'une mention obligatoire de l'acte de vente. Pour l'acte définitif (si la cession est précédée d'un compromis), le notaire demandera aussi le prorata de l'année en cours. Tous ces renseignements sont fournis par l'expert-comptable du vendeur.

• La licence de débits de boissons

Elle doit être transférée au profit de l'acheteur 15 jours au moins avant la vente.

• Le bail commercial

Si le vendeur n'est pas propriétaire des murs où il exerce son activité, le droit au bail fait partie des éléments du fonds de commerce cédés à l'acheteur. Ce dernier doit en connaître toutes les conditions puisqu'elles seront ensuite à sa charge. De plus, le bailleur interviendra à l'acte de vente pour donner son agrément au nouveau locataire. Le notaire a donc besoin de recueillir ses coordonnées pour le contacter le moment venu ou pour lui adresser une procuration s'il ne souhaite pas se déplacer.

- **Les statuts de société**

Si le vendeur est une société, le notaire vérifiera les pouvoirs de son représentant, ainsi qu'il a déjà été expliqué au sujet des ventes d'immeubles. Il demandera également un certificat de non faillite au greffe du tribunal de commerce.

➤ Documents demandés à l'acheteur

- **L'état civil**

Tout acte notarié comporte l'état civil complet des parties (même s'il n'est pas soumis à publicité foncière).

- **Les statuts et l'extrait Kbis**

Le notaire procèdera aux mêmes vérifications que pour le vendeur : pouvoirs du gérant, certificat de non faillite.

- **Le financement**

L'acheteur ne bénéficie pas en cette matière d'une condition suspensive légale. Il peut seulement demander au vendeur une condition d'obtention de son prêt. Cela signifie que le vendeur peut le refuser. Si l'acheteur souhaite malgré tout poursuivre la vente, il ne bénéficiera d'aucune protection légale en cas de refus de son prêt. En pratique, il est rare qu'un acheteur puisse régler sans avoir recours à un prêt. C'est un risque que le vendeur doit courir. La condition suspensive sera toujours limitée dans le temps (l'acheteur aura en général un mois pour fournir un accord de prêt) et dans ses modalités (montant maximum du prêt, durée maximum, taux maximum). L'acheteur doit donc réfléchir à ces critères pour les communiquer au notaire lors de l'établissement de l'avant contrat.

II. Comment lire un compromis ou un acte de vente

Nous allons à présent étudier les clauses importantes contenues dans les compromis de vente et les actes de vente.

Il est rare de pouvoir consulter un projet de compromis de vente car sa signature est souvent très rapide. Tout au plus peut-il être adressé au notaire de l'acheteur si ce dernier le fait intervenir.

L'acheteur bénéficie d'une faculté de rétractation dans un délai de 7 jours à compter de la remise ou de la réception de la notification du compromis. Il a par conséquent le temps de le relire et même de se retirer de la vente si quelque chose ne lui convient pas. Par contre, le vendeur n'a pas le droit de se désengager. Si la lecture du compromis lui révèle une clause qu'il aurait mal comprise ou une condition qu'il trouverait gênante, il peut interroger le notaire pour obtenir des explications et même demander que soit établi un avenant au compromis de vente. Bien sûr l'acquéreur doit également accepter ces modifications et signer cet avenant.

Il est par contre judicieux de demander au notaire un projet de l'acte de vente quelques jours avant sa signature. C'est en effet le moment où jamais de demander des éclaircissements. Une fois que l'acte est signé, il sera trop tard pour y revenir. Si le vendeur est représenté par son notaire, celui qui rédige l'acte (le notaire de l'acheteur) en adresse toujours un projet à son confrère. Ce dernier vérifiera déjà que tout correspond bien à la volonté et à l'intérêt de son client. S'il le souhaite, le vendeur peut alors prendre connaissance du projet auprès de son notaire et lui poser toutes questions nécessaires.

A. Quelques clauses importantes dans un compromis de vente

Certaines se retrouvent également dans l'acte de vente (désignation du bien, loi Carrez, amiante, termites...).

Nous n'allons pas détailler toutes les clauses d'un compromis, ce qui serait trop long et sans grand intérêt. De plus, certaines dispositions ne sont pas encore obligatoires (par exemple, le contrôle des installations au gaz) et sont appliquées discrétionnairement par les notaires (ils sont libres de les exiger ou d'en dispenser les parties). Pour toute question complémentaire qui ne figurerait pas dans les thèmes qui suivent, le client se rapprochera de son notaire. Il est également précisé que les notaires n'utilisent pas tous le même logiciel et que les formules peuvent légèrement varier selon les études. Celles qui suivent proviennent du logiciel Génapi.

➤ L'état civil

Le notaire en fait en principe la lecture lors de la signature du compromis. C'est le moment de signaler un changement d'adresse, de profession, de régime matrimonial ou une erreur de date de naissance ou de mariage. Ainsi qu'il a déjà été expliqué plus haut, ces éléments sont importants pour la publicité foncière. Le notaire reproduira les mêmes dans l'acte de vente si les parties ne lui signalent pas une modification à y apporter.

➤ La désignation des biens

En général le notaire reprend celle indiquée sur le titre de propriété du vendeur. Si ce dernier a apporté des aménagements conséquents, il peut être important de les signaler. Par exemple, s'il a construit une véranda, il devra fournir l'autorisation de travaux et éventuellement l'assurance dommage ouvrage si elle est encore en vigueur. D'autre part, la construction d'une piscine donne lieu à la délivrance d'un permis de construire. Si le vendeur a réalisé ces travaux en infraction avec la loi, même par ignorance, et si personne ne signale au notaire que ces modifications ont été apportées à l'immeuble, l'acheteur se retrouvera lui-même embarrassé plus tard lorsqu'il voudra revendre.

Le notaire n'a cependant aucune obligation de décrire en détail un bien immobilier. Quelquefois, la désignation est succincte et s'arrête aux éléments essentiels.

Exemple : une maison d'habitation avec terrain attenant, d'une surface habitable de 150 m^2.

Tout dépend des informations qui lui sont fournies par les parties. En principe, l'acheteur est censé connaître parfaitement le bien pour l'avoir visité plusieurs fois. Si la vente a été négociée par une agence immobilière, celle-ci lui aura remis une fiche descriptive lors de la visite. Par conséquent, si l'une ou l'autre des parties souhaite que certaines précisions soient mentionnées sur le compromis ou dans l'acte de vente, elle doit le signaler au notaire. L'explication est simple, le notaire n'est tenu d'indiquer que les éléments nécessaires à la publicité foncière de l'acte, c'est-à-dire, selon l'article 7 du décret du 4 janvier 1955 : *« tout acte ou décision judiciaire sujet à publicité dans un bureau des hypothèques doit indiquer, pour chacun des immeubles qu'il concerne, la nature, la situation, la contenance et la désignation cadastrale (section, numéro de plan et lieu-dit).*

Lorsque (...) il ne concerne qu'une ou plusieurs fractions d'un immeuble, l'acte ou la décision judiciaire doit comporter à la fois la désignation des dites fractions et celle de l'ensemble de l'immeuble. La désignation de la fraction est faite conformément à un état descriptif de la division (...) établi dans les conditions fixées par décret et préalablement publié ; elle doit mentionner le numéro du lot dans lequel la fraction est comprise et (...) la quote-part dans la propriété du sol afférente à ce lot ».

Ainsi, pour les lots de copropriété, la désignation se présentera ainsi :

DÉSIGNATION

— **Désignation de L'ENSEMBLE IMMOBILIER dont dépendent les BIENS** :

Dans un ensemble immobilier situé à
Cet ensemble immobilier est cadastré :

Section	N°	Lieudit	Surface

— **Désignation des BIENS** :

Lot numéro dix :

Au 3e étage un appartement de type 2, à droite.

Et les 262/10 000es de la propriété du sol et des parties communes générales.

Lot numéro quatre-vingt :

Au sous-sol une cave.

Et les 5/10 000es de la propriété du sol et des parties communes générales.

Tel que, lesdits biens existent, se poursuivent et comportent avec tous immeubles par destination pouvant en dépendre, sans aucune exception ni réserve.

Même si les risques de confusion sont rares, dans certains immeubles, les désignations des lots de copropriété peuvent être approximatives. Il est nécessaire de les vérifier. Par exemple, il sera simplement indiqué : « Lot numéro 10 : un appartement au 1er étage ». Si l'étage en question compte 5 appartements, il vaudra mieux s'assurer que celui qui fait l'objet de la vente est bien le lot 10 ! Il suffira pour cela de se reporter au plan annexé au règlement de copropriété.

Ces cas sont cependant marginaux. Même si l'appartement n'est pas identifié par un numéro apposé sur la porte (qui d'ailleurs ne correspond pas forcément au numéro de lot de copropriété !), il sera au moins indiqué par exemple qu'il s'agit du « deuxième à gauche en sortant de l'ascenseur ».

Le problème est plus fréquent pour des caves, des garages ou des parkings. Là encore, les numéros, s'il y en a, peuvent ne pas correspondre aux numéros de lots de la copropriété. Il peut même arriver qu'un copropriétaire prenne possession d'une cave qui n'est pas la sienne ! Seul le plan peut permettre d'identifier le bien avec certitude, à moins que le titre de propriété du vendeur ne comporte une indication (un garage, le troisième en partant de l'entrée à gauche).

Afin d'éviter de laisser se reproduire une situation antérieure erronée, la signature du compromis peut constituer l'occasion de rétablir les choses conformément à la réalité. Il est en effet toujours possible de les régulariser grâce à un acte rectificatif (voir plus loin).

➤ La superficie des lots de copropriété

MENTION OBLIGATOIRE DE SUPERFICIE

Conformément aux dispositions de la loi numéro 96-1107 du 18 décembre 1996 intégrées dans l'article 46 de la loi du 10 juillet 1965, **LE VENDEUR** a fourni à ses frais la superficie de la partie privative des **BIENS**, objet des présentes soumis à ladite loi ainsi qu'à ses textes subséquents, savoir :

— 50 m^2 pour le lot numéro 10

Ainsi qu'il résulte d'une attestation établie par ...... le ......

Par suite, les parties ont été informées par le rédacteur des présentes, ce qu'elles reconnaissent expressément, de la possibilité pour **L'ACQUÉREUR** d'agir en révision du prix si, pour au moins un des lots, la superficie réelle est inférieure de plus d'un vingtième à celle exprimée aux présentes. En cas de pluralité d'inexactitudes, il y aura pluralité d'actions, chaque action en révision de prix ne concernant que la propre valeur du lot concerné.

La révision du prix dont il s'agit consistera en une diminution de la valeur du lot concerné proportionnelle à la moindre mesure.

L'action en diminution, si elle est recevable, devra être intentée par **L'ACQUÉREUR** dans un délai d'un an à compter de la date de l'acte authentique constatant la réalisation des présentes, et ce à peine de déchéance.

Ainsi que nous l'avons déjà dit, tout lot de copropriété doit faire l'objet d'un mesurage à la charge du vendeur. Cette superficie, calculée selon des critères définis par la loi Carrez, est indiquée dans le compromis et dans l'acte de vente. Sans rentrer dans les détails des critères, les locaux d'une surface inférieure à 8 m^2 ne sont, par exemple, pas pris en compte (ce peut être le cas d'une cave). Le but de cette loi était de définir les prix de vente par rapport à la surface des biens vendus. L'acheteur doit pouvoir se baser sur un prix au m^2 pour se faire une idée de la valeur du bien. Elle ne s'applique pour l'instant qu'aux appartements et locaux en copropriété. L'indication de la superficie loi Carrez a par conséquent une incidence sur le prix de vente. En effet, si la surface réelle était inférieure de plus d'un vingtième à celle indiquée dans le compromis et dans l'acte de vente, l'acheteur pourrait demander une réduction du prix de vente, estimant ainsi avoir été lésé. Son action est toutefois limitée dans le temps. Il doit l'exercer dans un délai d'un an à compter de la signature de l'acte authentique. C'est pourquoi il est préférable de faire appel à un professionnel pour établir ce mesurage. Ce dernier est en effet responsable de son expertise. En cas de litige, les deux parties pourront se retourner contre lui. Par contre, si le vendeur persiste à vouloir effectuer lui-même ce mesurage (c'est parfois le cas pour des biens de faible superficie comme les studios), il demeurera seul responsable vis-à-vis de l'acheteur en cas d'erreur.

➤ Le règlement de copropriété

Ses références sont normalement indiquées juste après la désignation des lots de copropriété, de même que celles de ses éventuels modificatifs. L'acheteur peut demander à consulter ces documents avant la signature de l'acte définitif.

➤ Amiante, termites, plomb

RÉGLEMENTATION SUR L'AMIANTE

L'article L. 1334-13 premier alinéa du Code de la santé publique commande au **VENDEUR** de faire établir un état constatant la présence ou l'absence de matériaux ou produits de la construction contenant de l'amiante, état à annexer à l'avant-contrat et à la vente, à défaut l'exonération des vices cachés relatifs à la présence de matériaux contenant de l'amiante ne pourra s'appliquer.

Cet état s'impose à tous les bâtiments dont le permis de construire a été délivré avant le 1er juillet 1997.

Le **VENDEUR** déclare que l'immeuble dont il s'agit a fait l'objet d'un permis de construire délivré antérieurement au 1er juillet 1997.

Par suite, les dispositions susvisées ont vocation à s'appliquer aux présentes.

Le rédacteur des présentes rappelle aux parties que le rapport technique doit, pour être recevable, avoir été établi par un contrôleur technique agréé au sens des articles R. 111-29 et suivants du Code de la construction et de l'habitation ou un technicien de la construction ayant contracté une assurance professionnelle pour ce type de mission.

Un état établi par ......, le ...... , est demeuré ci-joint et annexé après mention.

Cet état révèle la présence d'amiante, précise sa localisation (dalles de sol dans le cellier, les chambres, l'entrée du couloir, le séjour, conduit en fibrociment dans le WC) et l'état de conservation des produits et matériaux.

Il est rappelé qu'aux termes des dispositions législatives et réglementaires en la matière, dès lors que le rapport révèle la présence d'amiante dans l'immeuble, le propriétaire procède :

— soit à un contrôle périodique de l'état de conservation des matériaux et produits, contrôle effectué dans un délai maximal de trois ans à compter de la date de remise au propriétaire des résultats du contrôle, ou à l'occasion de toute modification substantielle de l'ouvrage ou de son usage ;

— soit à une surveillance du niveau d'empoussièrement dans l'atmosphère par un organisme agréé en microscopie électronique à transmission ;

— soit à des travaux de confinement ou de retrait de l'amiante par une entreprise spécialisée.

L'**ACQUÉREUR** déclare :

— avoir pris connaissance du rapport amiante sus-énoncé ;

— être informé de la réglementation en vigueur.

RÉGLEMENTATION SUR LE SATURNISME

Le **BIEN** objet des présentes ayant été construit depuis le 1er janvier 1948, ainsi déclaré par son propriétaire, il n'entre pas dans le champ d'application des dispositions de l'article L. 1334-5 du Code de la santé publique.

ÉTAT PARASITAIRE

L'immeuble se trouve dans une zone délimitée par arrêté préfectoral comme étant une zone contaminée ou susceptible de l'être.

Cet arrêté préfectoral est en date du ......

En conséquence, un rapport sur l'état parasitaire du **BIEN** objet des présentes a été délivré par en date du et est demeuré ci-joint et annexé après mention. Il révèle l'absence de traces visibles de termites et autres agents de dégradation biologique du bois.

L'ACQUÉREUR déclare en avoir pris parfaite connaissance et en faire ainsi son affaire personnelle.

En matière de contrôle de l'état parasitaire, il est précisé que le professionnel doit avoir souscrit une assurance professionnelle et être indépendant d'une entreprise de traitement du bois.

Le compromis relate les résultats des rapports de l'expert. Une copie des diagnostics est remise à l'acheteur. Ils comportent les prescriptions nécessaires pour effectuer les travaux de désamiantage par exemple. Il est en effet interdit d'enlever des dalles de sol ou des tuyaux en fibrociment sans prendre certaines précautions et de les jeter ensuite dans la nature ! A partir de la signature de l'acte de vente, l'acheteur devra faire son affaire personnelle de l'état de l'immeuble, conformément à ce qui est indiqué au paragraphe « Conditions générales » :

CONDITIONS GÉNÉRALES

La vente, si elle se réalise, aura lieu aux conditions ordinaires et de droit et, notamment, sous celles suivantes auxquelles l'**ACQUÉREUR** sera tenu :

1° De prendre les biens ci-dessus désignés dans l'état où ils se trouveront au moment de réitération de la vente, sans garantie pour quelque cause que ce soit et notamment :

— de l'état des bâtiments, du sol, du sous-sol, des vices mêmes cachés, de vétusté, sauf dispositions législatives ou réglementaires contraires analysées le cas échéant aux présentes,

— de l'état parasitaire du bien vendu, notamment concernant les termites et autres insectes xylophages et ennemis des matériaux sauf ce qui peut être indiqué le cas échéant ci-après à ce sujet,

— des mitoyennetés, de défaut d'alignement ou de différence de contenance du terrain, même supérieure à un vingtième.

Les travaux d'enlèvement des matériaux contenant de l'amiante ou du plomb ou le traitement des termites sont donc à sa charge, à moins qu'il ne les négocie avec le vendeur. En règle générale, ce dernier pourra répondre que ces travaux ont été pris en compte dans la détermination du prix de vente. Dans d'autres cas, il acceptera de les prendre à sa charge. Ils seront alors tout simplement déduits du prix de vente selon un devis préalablement établi et approuvé par les deux parties. Cette clause pourra être rédigée comme suit :

« A ce sujet, il est convenu que les travaux de désamiantage seront pris en charge par le VENDEUR, ainsi qu'il résulte d'un devis approuvé par l'ACQUÉREUR ci-annexé.

Ces travaux seront réalisés au plus tard pour la signature de l'acte authentique.

Le montant de ces travaux correspondant au devis susvisé sera prélevé sur le prix de vente. »

Voilà pourquoi il est important de bien écouter la lecture de ces clauses au moment de la signature du compromis ou de demander des explications complémentaires en étudiant les rapports de l'expert.

➤ Les conditions suspensives profitant à l'acheteur

Elles doivent être précises et limitées dans le temps. La principale est la condition suspensive d'obtention d'un prêt (dite condition suspensive légale).

- **L'obtention d'un prêt**

CONDITION SUSPENSIVE D'OBTENTION DE PRÊT
en application des dispositions
des articles L. 312-1 à L. 312-36 —
Chapitre II (Crédit Immobilier)
du Livre III du Code de la consommation
relative à l'information et à la protection
des emprunteurs dans le domaine immobilier

L'ACQUÉREUR déclare avoir été informé, des dispositions desdits articles et avoir l'intention de recourir, pour le paiement du prix de cette acquisition, à un ou plusieurs prêts rentrant dans le champ d'application de ladite loi (chapitre I, article 1er) et répondant aux caractéristiques suivantes :

— Organisme prêteur : tout organisme

— Montant maximum de la somme empruntée : ......

— Durée de remboursement : ......

— Taux nominal d'intérêt maximum : ...... % l'an (hors assurances)

— Garanties offertes : privilège de prêteur de deniers avec ou sans hypothèque conventionnelle complémentaire.

En conséquence, le compromis est soumis en faveur de l'**ACQUÉREUR** et dans son intérêt exclusif, à la condition suspensive de l'obtention d'un crédit aux conditions sus-énoncées.

I — Obligations de L'ACQUÉREUR vis-à-vis du crédit sollicité

Il s'oblige à faire toutes les démarches nécessaires à l'obtention du prêt, à déposer le dossier complet nécessaire à l'instruction de sa demande et à en justifier au **VENDEUR** dans un délai de quinze jours à compter des présentes.

A défaut d'avoir apporté la justification dans le délai imparti le **VENDEUR** aura la faculté de demander à l'**ACQUÉREUR** par lettre recommandée avec accusé de réception de lui justifier du dépôt du dossier de prêt.

Dans le cas où l'**ACQUÉREUR** n'aurait pas apporté la justification requise dans un délai de huit jours de l'accusé de réception, le **VENDEUR** pourra se prévaloir de la caducité des présentes.

L'ACQUÉREUR devra informer, sans retard le **VENDEUR** de tout événement provoquant la réalisation ou la défaillance de la condition suspensive.

II — Réalisation de la condition suspensive

Le prêt sera réputé obtenu au sens des articles L. 312-1 à L. 312-36 susvisés et la condition suspensive sera réalisée dès la remise par la banque à l'**ACQUÉREUR** de l'offre écrite, telle que prévue aux articles L. 312-1 à L. 312-36 susvisés, de consentir le crédit aux conditions principales sus-énoncées et dans le délai de réalisation des présentes.

La réception de cette offre devra intervenir au plus tard le ......

L'obtention ou la non-obtention du prêt devra être notifiée par l'**ACQUÉREUR** au **VENDEUR** par lettre recommandée avec avis de réception adressée dans les trois jours suivants l'expiration du délai ci-dessus.

A défaut de réception de cette lettre dans le délai fixé, le **VENDEUR** aura la faculté de mettre l'**ACQUÉ-**

REUR en demeure de lui justifier sous huitaine de la réalisation ou la défaillance de la condition.

Cette demande devra être faite par lettre recommandée avec avis de réception au domicile ci-après élu.

Passé ce délai de huit jours sans que l'**ACQUÉREUR** n'ait apporté les justificatifs, la condition sera censée défaillie et les présentes seront donc caduques de plein droit, sans autre formalité, et ainsi le **VENDEUR** retrouvera son entière liberté mais l'**ACQUÉREUR** ne pourra recouvrer le dépôt de garantie qu'il aura, le cas échéant, versé qu'après justification qu'il a accompli les démarches nécessaires pour l'obtention du prêt, et que la condition n'est pas défaillie de son fait ; à défaut, le dépôt de garantie restera acquis au **VENDEUR**.

Les parties déclarent expressément que la présente condition suspensive est stipulée dans le seul intérêt de l'**ACQUÉREUR**, ce dernier pouvant renoncer à son bénéfice et notifier à tout moment au **VENDEUR** qu'il dispose des sommes nécessaires pour le financement de l'opération.

Cette notification devra contenir la mention manuscrite prévue aux articles L. 312-1 à L. 312-36 susvisés.

La clause comporte donc les éléments suivants :

a) L'organisme auprès duquel l'emprunteur va effectuer sa demande

Il peut en effet souhaiter limiter sa recherche à des banques déterminées. Il n'est pas obligé de faire le tour de tous les établissements. S'il indique les noms de deux banques et si ces deux banques lui opposent un refus de prêt, il n'aura pas à poursuivre ses démarches. La condition suspensive ne sera pas réalisée et le compromis tombera de plein droit. En règle générale, l'acheteur préfère se ménager un large choix afin de trouver le meilleur taux. Il sera alors mentionné : « tout organisme ou établissement bancaire ». L'acheteur pourra ainsi faire par exemple appel à un courtier.

b) Le montant maximum du prêt

L'acquéreur/emprunteur n'a pas besoin d'effectuer des calculs précis pour indiquer dans le compromis de vente le montant du prêt qu'il souhaite obtenir. Par contre, la somme indiquée ne devra pas être dépassée pour que la condition suspensive puisse s'exercer en cas de refus du prêt.

Exemple : montant indiqué de 100 000 euros.

L'emprunteur a demandé un prêt d'un montant de 120 000 euros. Ce prêt lui est refusé. Il ne pourra pas opposer ce refus au vendeur pour bénéficier de la condition suspensive. Il doit en principe poursuivre la vente (à moins que, dans le délai prévu au compromis, la banque ne lui fournisse également un refus de prêt pour un montant de 100 000 euros). A l'inverse, si le refus porte sur une demande de prêt de 80 000 euros, il sera pris en compte et l'acheteur sera dégagé du compromis.

c) Le taux maximum

Les conséquences sont les mêmes que celles qui viennent d'être indiquées mais doivent être interprétées à l'inverse.

Exemple : taux maximum de 4 %.

Si l'emprunteur ne se voit proposer que des taux supérieurs à celui indiqué dans le compromis, il pourrait invoquer le fait qu'il n'a pas pu trouver un prêt correspondant aux caractéristiques énoncées dans le compromis.

En pratique, le taux indiqué correspond à ceux qui sont pratiqués par les banques au moment de la signature du compromis.

d) La durée maximum

L'emprunteur peut ne pas vouloir s'engager avec une banque sur une longue durée. Cependant, les durées des prêts se sont allongées pour amortir la hausse des prix de l'immobilier (jusqu'à 25, 30 ans). L'acquéreur/emprunteur n'aura donc pas vraiment le choix.

e) Le dépôt de la demande de prêt

D'après l'usage courant, l'acheteur doit effectuer sa demande de prêt dans les 15 jours de la signature du compromis. S'il ne s'est pas encore renseigné auprès des banques, ce délai peut lui paraître court. Il a le droit de demander un délai plus long (pas plus d'un mois quand même). Encore faut-il que le vendeur l'accepte. Ce dernier peut en effet avoir le choix entre plusieurs acheteurs et souhaiter conclure avec celui qui sera le plus rapide et qui pourra régulariser l'acte de vente au plus tôt. A l'inverse, le vendeur peut solliciter une réduction du délai de dépôt de la demande de prêt s'il est réellement pressé de vendre (par exemple 8 jours). Cela n'est évidemment réalisable que dans la mesure où l'acheteur a déjà effectué des démarches auprès des banques et qu'il sait que son prêt sera accordé.

f) Le délai d'obtention du prêt

L'acheteur doit justifier qu'il a reçu son offre de prêt dans un délai d'un mois environ à partir de la signature du compromis. Ce délai est rarement inférieur. Il peut être supérieur si le vendeur l'accepte.

L'importance de ces éléments et de ces délais a en fait une répercussion sur le dépôt de garantie (ou acompte) versé par l'acquéreur. En effet, en cas de refus du prêt signalé hors délai ou ne correspondant pas aux conditions énoncées dans le compromis, le vendeur est en droit de réclamer le dépôt de garantie à titre de dédommagement. On considèrera que l'acheteur lui aura fait perdre du temps, l'opportunité de trouver un autre candidat et, de plus, il n'aura pas respecté les modalités de la condition suspensive.

Dans ce cas, ce n'est pas le notaire qui va départager les parties, contrairement à ce que croient souvent les clients. En effet, cette sanction ne s'applique pas vraiment de plein droit, à moins que l'acheteur n'accepte d'abandonner son dépôt de garantie pour éviter un procès. Car c'est devant un Tribunal que la question sera réglée.

En pratique, si le compromis ne se réalise pas, l'acompte est débloqué selon les procédures suivantes :

— Il est restitué à l'acheteur en principe sans aucune formalité si le refus du prêt intervient dans le délai et les conditions prévus au compromis. Le notaire peut toutefois prendre la précaution de solliciter un accord écrit du vendeur, même s'il n'est pas obligatoire.
— Il est restitué à l'acheteur avec l'accord écrit du vendeur si le délai n'est pas respecté. Le vendeur peut en effet vouloir remettre le bien en vente rapidement. Or, il ne peut le faire tant que le sort de l'acompte n'est pas réglé.
— Il est accordé au vendeur avec l'accord écrit de l'acheteur si ce dernier reconnaît qu'il n'a pas respecté les termes du compromis et s'il veut lui-même éviter un procès incertain. Il sera également remis par le notaire au

vendeur si une décision de justice tranche en sa faveur et le lui attribue.

L'acheteur peut également demander à bénéficier d'une autre condition suspensive non prévue par la loi. Encore faut-il qu'elle soit acceptée par le vendeur et qu'elle soit valable. Cette dernière exigence résulte du fait que la condition suspensive ne doit pas être soumise au seul bon vouloir de l'acheteur. Dans ce cas, elle est en effet présumée nulle.

- **La vente par l'acquéreur d'un bien immobilier**

Il s'agit de l'autre condition suspensive courante bénéficiant à l'acheteur : vendre un bien immobilier lui appartenant afin de financer un second achat.

Pour les raisons qui viennent d'être énoncées, cette condition doit être précise et limitée.

Deux hypothèses peuvent se présenter :

a) L'acheteur n'a pas encore signé de compromis pour la vente de son bien

VENTE PAR L'ACQUÉREUR D'UN BIEN IMMOBILIER LUI APPARTENANT

La réalisation des présentes est soumise à la vente par l'**ACQUÉREUR** d'un bien immobilier lui appartenant, bien immobilier sis à ......

La réalisation des présentes est soumise à la vente par **l'ACQUÉREUR** d'un bien immobilier lui appartenant, bien sis à ......

Cette vente est indispensable à l'**ACQUÉREUR** à l'effet de constituer son apport personnel dans le cadre des présentes.

L'**ACQUÉREUR** déclare :

— avoir mis le bien en vente depuis ...... aux termes d'un mandat de vente signé par l'intermédiaire de ...... en date du ...... enregistré sous le numéro ...... dont une copie a été remise au **VENDEUR** ce jour même ;

— ne pas avoir, pour ledit bien, à ce jour, conclu d'avant contrat ;

— que le prix de vente demandé s'élève à la somme de ...... et sera en toute hypothèse payable comptant ;

— que ce prix correspond à la valeur actuelle du marché mais ne peut être considéré comme un prix ferme et définitif ;

— avoir la libre disposition du prix dès la réalisation de cette vente, sous réserve de s'acquitter du ou des prêts pouvant exister le cas échéant sur le bien et dont le montant exigible est en toute hypothèse inférieur audit prix, même s'il devait être revu à la baisse ;

— que la date de réalisation convenue de l'avant contrat à conclure devra être antérieure à celle des présentes et en toute hypothèse être fixée au plus tard le ...... ;

— que les dispositions de l'article L. 271-1 du Code de la construction et de l'habitation, dans la mesure où elles s'appliqueront à cet avant contrat, devront être purgées.

Il est expressément convenu entre les parties que si la vente du bien n'est pas conclue au plus tard le ......, la présente convention sera considérée comme nulle et non avenue au seul choix du **VENDEUR** et le dépôt de garantie éventuellement versé par l'**ACQUÉREUR** lui sera rendu immédiatement, sauf application des dispositions de l'article 1178 du Code civil aux termes duquel : *« la condition est réputée accomplie lorsque c'est le débiteur, obligé sous cette condition, qui en a empêché l'accomplissement. »*

b) L'acheteur a déjà signé un compromis de vente

VENTE PAR L'ACQUÉREUR D'UN BIEN IMMOBILIER LUI APPARTENANT

La réalisation des présentes est soumise à la vente par l'**ACQUÉREUR** d'un bien immobilier lui appartenant, bien immobilier sis à ......,

Cette vente est indispensable à l'**ACQUÉREUR** à l'effet de constituer son apport personnel dans le cadre des présentes.

L'**ACQUÉREUR** déclare :

— avoir, pour ledit bien, conclu sous diverses conditions suspensives non encore accomplies un avant contrat en date du ...... dont copie a été remise au **VENDEUR** ce jour même ;

— que le prix de vente s'élève à la somme de ...... payable comptant ;

— avoir la libre disposition de ce prix dès la réalisation de cette vente, sous réserve de s'acquitter du ou des prêts pouvant exister le cas échéant sur le bien et dont le montant exigible est en toute hypothèse inférieur audit prix ;

— que son apport personnel aux présentes est conditionné par la perception du disponible de ce prix ;

— que la date de réalisation convenue de cet avant contrat est antérieure à celle des présentes comme étant fixée au ;

— que les dispositions de l'article L. 271-1 du Code de la construction et de l'habitation, dans la mesure où elles s'appliquent à cet avant contrat, ont été purgées.

Il est expressément convenu entre les parties que si la vente du bien n'est pas conclue dans le délai sus-indiqué, la présente convention sera considérée comme nulle et non avenue au seul choix du **VENDEUR** et le dépôt de garantie éventuellement versé par l'**ACQUÉREUR** lui sera rendu immédiatement, sauf application des dispositions de l'article 1178 du Code civil aux termes duquel : *« La condition est réputée accomplie lorsque c'est le débiteur, obligé sous cette condition, qui en a empêché l'accomplissement. »*

• Non réalisation des diagnostics amiante, plomb et termites

Enfin, dans le cas extrême où le compromis serait signé sans l'intervention préalable de l'expert qui doit réaliser les diagnostics amiante, termites et plomb, l'obtention de ces derniers sera érigée en condition suspensive. Celle-ci prévoira simplement que si le résultat s'avère positif, l'acquéreur aura le choix entre poursuivre la vente et prendre les travaux à sa charge ou renoncer au compromis et récupérer son dépôt de garantie sans aucune formalité. En ce qui concerne l'amiante, il est possible de limiter la portée de la clause en excluant de la condition suspensive certains matériaux usuels susceptibles d'en contenir comme les conduits en fibrociment ou les dalles de sol. L'acheteur renoncera donc par avance à se prévaloir de la condition suspensive si ces matériaux contenaient de l'amiante. Il acceptera d'en faire son affaire personnelle. Dans ce cas, la clause pourra être rédigée ainsi :

ÉTAT PARASITAIRE

Un état parasitaire de moins de trois mois d'antériorité devra être délivré le jour de la signature de l'acte constatant la réalisation des présentes, ledit état ne devant pas révéler la présence de termites.

En cas de résultat positif, la présente condition sera considérée comme défaillie et les présentes comme caduques sans qu'il soit besoin d'aucune formalité. Toutefois, l'**ACQUÉREUR** aura seul la faculté de renoncer à cette condition suspensive et pourra seul poursuivre la réitération des présentes par acte notarié, à ses risques et périls, mais aux mêmes prix et conditions que ceux prévus dans la présente convention, sans pouvoir exiger du **VENDEUR** aucune diminution du prix ni réalisation des travaux prescrits en avançant la garantie des vices cachés.

AMIANTE

Le rédacteur des présentes a donné connaissance aux parties :

I — des dispositions des décrets imposant aux propriétaires de biens immobiliers bâtis d'effectuer la recherche de matériaux contenant de l'amiante et l'obligation de procéder, dans certaines hypothèses, à un contrôle périodique, à une surveillance par un organisme agréé ou à des travaux appropriés ;

II — du contenu des deux premiers alinéas de l'article L. 1334-7 du Code de la santé publique aux termes desquels :

« un état mentionnant la présence ou, le cas échéant, l'absence de matériaux ou produits de la construction contenant de l'amiante est annexé à toute promesse unilatérale de vente ou d'achat et à tout contrat réalisant ou constatant le vente de certains immeubles bâtis.

En l'absence de l'état annexé, aucune clause d'exonération de la garantie des vices cachés ne peut être stipulée à raison des vices constitués par la présence d'amiante dans les éléments de construction. »

Si le bien est soumis au régime de la copropriété, le compte rendu ne pourra concerner que les parties privatives, pour les parties communes, un diagnostic technique sur l'amiante devant être fourni sur demande du syndicat des copropriétaires dans des délais fixés par la loi non encore expirées ce jour.

Le bien objet des présentes ayant fait l'objet d'un permis de construire antérieur au 1er juillet 1997 entre dans le cadre des dispositions de l'article L. 1334-7 susvisé, et le rédacteur n'étant pas, à ce jour, en possession de l'état prescrit par la loi le vendeur ne pourra s'exonérer des vices constitués par la présence d'amiante.

Les parties ayant requis pour une raison impérieuse le rédacteur d'établir le présent avant contrat sans l'état « amiante », les présentes sont conclues sous la condition suspensive de l'obtention d'un état négatif sauf l'éventuelle présence d'amiante dans les conduits en fibrociment ou dans des dalles de sol, condition stipulée dans l'intérêt des deux parties, par suite l'obtention d'un certificat positif les rendra nulles et non avenues.

➤ Les conditions suspensives bénéficiant au vendeur

Certaines sont prévues par la loi :

— le non exercice d'un droit de préemption : si la commune ou la SAFER préemptaient le bien mis à la vente, l'acheteur ne pourrait pas se retourner contre le vendeur ;

— l'état hypothécaire ne doit pas révéler des inscriptions supérieures au prix : si le vendeur est endetté, certains créanciers ont pu prendre sur les biens des inscriptions d'hypothèques légales (c'est le cas du Trésor public) ou judiciaire (URSAFF, caisses de retraite). Le vendeur peut ne pas être au courant de la situation hypothécaire exacte de l'immeuble, sauf lorsque l'inscription résulte bien sûr d'une décision judiciaire. Si le montant de ces inscriptions (celui qui est porté sur les bordereaux hypothécaires) dépassait le montant du prix de vente, la vente ne pourrait en principe se poursuivre.

D'autres clauses peuvent correspondre à une situation juridique déterminée. Là encore, elles ne doivent pas résulter de la seule volonté du vendeur. Il s'agit par exemple du cas où le vendeur est propriétaire du bien en vertu d'une donation.

Deux possibilités peuvent se présenter :

— soit les donateurs ont gardé l'usufruit du bien, ils doivent alors intervenir dès la signature du compromis car ils sont toujours propriétaires d'une fraction du bien. Leur intervention vaut alors renonciation à tous les droits qu'ils ont pu se réserver dans l'acte de donation (c'est-à-dire le droit de retour, l'interdiction d'aliéner et d'hypothéquer).

— soit les donateurs ont donné le bien en pleine propriété. Il n'est donc pas nécessaire qu'ils signent le compromis. Par contre, ils devront intervenir à l'acte de vente pour renoncer aux droits dont ils sont toujours titulaires en vertu de la donation (droit de retour ...). Cette intervention sera par conséquent érigée en condition suspensive dans le compromis et libellée comme suit dans la liste des conditions suspensives de droit commun : *« Que M. et Mme Y., donateurs, interviennent à l'acte définitif pour renoncer aux droits qu'ils se sont réservés aux termes de l'acte de donation du ...... ».*

Mais les donateurs ne sont pas seuls concernés par cette situation. Si le vendeur a des frères ou des sœurs, ces derniers devront également intervenir à l'acte de vente pour renoncer à l'action en réduction dont ils sont titulaires en vertu de l'article 930 du Code civil. Cette action peut s'exercer dans un délai de 5 ans à compter du décès de chaque donateur. Sans rentrer dans les détails, elle permet à tout héritier réservataire de demander à un donataire de rapporter dans la succession du donateur un bien qu'il aurait reçu de ce dernier en invoquant le fait qu'il aurait été avantagé par rapport aux autres héritiers. Il est donc impossible de laisser une telle épée de Damoclès au-dessus de la tête de l'acheteur ! Il est alors prévu la condition suspensive suivante : « que Mme Z., sœur du vendeur, intervienne à l'acte de vente pour renoncer au bénéfice de l'article 930 du Code civil ».

Le lecteur aura compris que cette condition suspensive sera mise en œuvre au profit du vendeur dans le cas où les donateurs ou plus vraisemblablement les héritiers réservataires refuseraient d'intervenir à l'acte de vente pour renoncer à leurs droits. Le notaire connaît rarement les relations familiales du vendeur avec ses parents et ses frères et sœurs, à moins qu'ils soient tous clients de l'étude. Une situation conflictuelle peut très bien se révéler quelques semaines avant la régularisation de la vente. Malgré le temps perdu, l'acheteur ne pourra rien reprocher au vendeur.

D'autres clauses intéressent à la fois le vendeur et l'acheteur.

- **La clause relative à la copropriété**

Elle comporte en général 3 parties.

COPROPRIÉTÉ-SYNDIC

Le syndic actuel de l'immeuble est : ......

« L'**ACQUÉREUR** s'engage à exécuter toutes les charges, clauses et conditions contenues au règlement de copropriété sus-énoncé et dans ses modificatifs éventuels et ce dès le jour de la constatation authentique de la réalisation des présentes. Il sera alors subrogé, tant activement que passivement, dans tous les droits et obligations résultant des stipulations du dit règlement, en fera son affaire personnelle et les exécutera ainsi qu'il s'y oblige expressément. »

Ainsi qu'il a déjà été expliqué, l'acquéreur peut demander à consulter le règlement de copropriété avant la vente définitive et une copie lui sera remise le jour de la signature de l'acte afin qu'il puisse se conformer à ses clauses.

CHARGES ET TRAVAUX DE COPROPRIÉTÉ

Règlement des charges et travaux

L'article 6-2 du décret du 17 mars 1967 modifié par le décret numéro 2004-479 du 27 mai 2004 dispose :

« A l'occasion de la mutation à titre onéreux d'un lot

1°) Le paiement de la provision exigible du budget prévisionnel, en application du troisième alinéa de l'article 14-1 de la loi du 10 juillet 1965 incombe au vendeur

2°) Le paiement des provisions des dépenses non comprises dans le budget prévisionnel incombe à celui, vendeur ou acquéreur, qui est copropriétaire au moment de l'exigibilité

3°) Le trop ou moins perçu sur provisions révélé par l'approbation des comptes est porté au crédit ou au débit du compte de celui qui est propriétaire lors de l'approbation des comptes ».

Depuis la loi du 27 mai 2004 (dite loi SRU), le syndic ne calcule plus le prorata de charges ou de travaux pour les répartir entre le vendeur et l'acquéreur. Il adresse ses appels de fonds à celui qui est propriétaire au moment où il les fait. Si le vendeur veut se faire rembourser un prorata des charges, il doit en faire la demande directement à l'acheteur. Ils feront en principe leurs comptes entre eux, sans intervention du notaire. Ce dernier peut toutefois accepter que le règlement s'effectue devant lui le jour de la signature de la vente. Au stade du compromis, le notaire ne dispose pas encore des informations nécessaires pour indiquer au vendeur ce qui sera retenu sur son prix de vente au titre des charges en cours (le syndic fait normalement opposition sur le prix lorsque la vente lui est notifiée) ni à l'acheteur le montant des prochains appels de fonds qu'il va recevoir après la vente. Il ne le saura que lorsque le syndic aura répondu au questionnaire préalable qu'il lui envoie.

Il est néanmoins possible de demander des documents au vendeur pour avoir une idée du budget de la copropriété et des charges qu'il paie (budget prévisionnel ou relevé de compte du copropriétaire.) De même, le compte rendu de la dernière assemblée générale révèlera si des travaux ont été votés ou si des appels de fonds ont déjà été réglés par le vendeur. Les suivants seront en effet réclamés à l'acheteur, ainsi qu'il a déjà été expliqué. Il sera alors mentionné dans le compromis quels documents l'acheteur a pu consulter et lesquels lui ont été remis. S'il n'a pas pensé à le faire au moment de la signature du compromis, l'acheteur peut à tout moment demander ces renseignements ou documents au vendeur ou au notaire. Par contre, s'il s'adresse directement au syndic, ce dernier n'est pas tenu de les lui communiquer dans la mesure où il n'est pas encore copropriétaire.

Un seul type de convention entre le vendeur et l'acheteur peut être stipulé dans le compromis de vente.

Il s'agit du cas où une assemblée générale risque d'être convoquée entre la signature du compromis et celle de la vente.

CONVENTION SUR LA RÉPARTITION DES CHARGES ET TRAVAUX

— **Charges**

Le **VENDEUR** réglera au syndic sa quote-part des charges de copropriété dues jusqu'au jour de l'entrée en jouissance de l'**ACQUÉREUR**.

L'**ACQUÉREUR** supportera les charges de copropriété à compter du jour de l'entrée en jouissance.

— **Travaux**

Les travaux dont l'exécution et le coût ont été votés avant ce jour par une assemblée générale des copropriétaires ou décidés par le syndic avant ce jour, seront à la charge exclusive du **VENDEUR** qui s'y oblige, qu'ils aient été exécutés ou non.

Les travaux dont l'exécution et le coût seront votés postérieurement à ce jour seront à la charge exclusive de l'**ACQUÉREUR** qui s'y oblige, à la condition expresse toutefois que le **VENDEUR** ait informé l'**ACQUÉREUR** de la convocation d'une assemblée générale ordinaire ou extraordinaire de copropriétaires, lui en ait communiqué l'ordre du jour, et lui ait donné pouvoir pour y assister, le **VENDEUR** s'obligeant à transmettre lesdits documents au moins huit jours avant la date fixée pour l'assemblée. A défaut, les travaux votés postérieurement à ce jour resteraient à la charge du **VENDEUR**.

Il est précisé que le **VENDEUR** et l'**ACQUÉREUR** reconnaissent avoir été avertis que l'exécution des conventions qui précèdent relatives aux travaux et charges demeurera inopposable au syndicat des copropriétaires. Par suite, les demandes émanant du syndic s'effectuant auprès du copropriétaire en place au moment de celles-ci, il appartient donc aux parties d'effectuer directement entre elles les comptes et remboursements nécessaires, ce qu'elles s'engagent à effectuer dans un délai de quinze jours à première demande de l'une ou l'autre.

En conséquence, il est expressément convenu entre les parties de ce qui suit :

— l'**ACQUÉREUR** s'engage à rembourser au **VENDEUR** tous les appels de charge intervenant entre le jour de la vente et la date à laquelle celle-ci aura été rendue opposable au syndic ;

— le **VENDEUR** s'engage à rembourser à l'**ACQUÉREUR** tous les appels de fonds concernant le règlement de travaux dont la charge incombe au **VENDEUR** en vertu de la convention susvisée.

Il sera procédé au jour de la vente, hors la comptabilité du notaire, au règlement du prorata des charges pour le trimestre en cours, directement entre les parties.

Etant précisé que les sommes seront indiquées par le syndic sous réserve de l'apurement des comptes et de la date de la réception par le syndic de la notification de transfert de propriété, les sommes exigibles à cette date étant réclamées au copropriétaire cédant. Par suite, les parties conviennent à l'égard de ces provisions et avances une fois définitivement arrêtées une répartition prorata temporis qui n'aura d'effet qu'entre elles comme étant inopposable au syndicat. Il en ira de même si lors de l'approbation des comptes de la copropriété apparaissait un moins perçu sur provisions.

Ces éventuels remboursements interviendront directement entre le **VENDEUR** et l'**ACQUÉREUR**, ceux-ci déchargeant le notaire de toute responsabilité à ce sujet.

Cette clause existait déjà avant la loi SRU. La différence est que les comptes se feront désormais entre le vendeur et l'acheteur et ne seront plus effectués par le syndic.

Une dernière disposition concerne les ensembles immobiliers en copropriété :

CARNET D'ENTRETIEN

Le rédacteur des présentes porte à la connaissance de L'ACQUÉREUR les dispositions de l'article 45-1 de la loi numéro 65-557 du 10 juillet 1965 aux termes desquelles notamment « tout candidat à l'accession d'un lot de copropriété, tout bénéficiaire d'une promesse unilatérale de vente ou d'achat ou d'un contrat réalisant la vente d'un lot ou d'une fraction de lot peut, à sa demande, prendre connaissance du carnet d'entretien de l'immeuble établi et tenu à jour par le syndic ».

Le syndic doit indiquer sur le questionnaire préalable si la copropriété est dotée d'un carnet d'entretien. Il arrive que ce ne soit pas encore le cas. Il en est de même pour le diagnostic amiante dans les parties communes, qui doit être refait selon les critères du décret du 3 mai 2002.

Certaines copropriétés n'ont pas encore effectué cette démarche. Le résultat de ce diagnostic est mentionné dans l'acte de vente (voir plus loin, b-4).

• **La clause pénale**

Il s'agit du paragraphe suivant :

CLAUSE PÉNALE

Au cas où, toutes les conditions relatives à l'exécution des présentes étant remplies, l'une des parties, après avoir été mise en demeure, ne régulariserait pas l'acte authentique et ne satisferait pas ainsi aux obligations alors exigibles, elle devra verser à l'autre partie la somme de SIX MILLE CINQ CENT QUATRE-VINGT-CINQ EUROS (6 585,00 euros) à titre de clause pénale, conformément aux dispositions des articles 1152 et 1226 du Code civil, indépendamment de tous dommages-intérêts.

Il est précisé que la présente clause pénale ne peut priver, dans la même hypothèse, chacune des parties de la possibilité de poursuivre l'autre en exécution de la vente.

Quelquefois mal distinguée du dépôt de garantie, elle permet à la fois au vendeur et à l'acheteur d'obtenir un dédommagement si l'un ou l'autre refuse de régulariser la vente, bien que toutes les conditions suspensives soient levées. En résumé, le vendeur ne veut plus vendre ou l'acheteur ne veut plus acheter. En plus d'éventuels dommages et intérêts accordés par le tribunal, il devra verser à l'autre partie une somme égale à 10 % du prix de vente.

Voici les principales clauses qui doivent attirer l'attention du vendeur et de l'acheteur lors de la signature du compromis. L'acte de vente se contentera en grande partie de les reproduire. C'est pourquoi, les développements sur les compromis étaient plus longs que ceux qui vont suivre.

B. Les clauses importantes dans un acte de vente

L'acte de vente ne fait que régulariser par acte authentique les conventions intervenues entre les parties dans le compromis de vente. Nous allons donc seulement nous attacher aux éléments dont le notaire ne disposait pas lors de la signature du compromis et qu'il a recueillis en vue de la rédaction de l'acte de vente.

➤ Le calcul de la plus-value

Seuls certains éléments sont exigés par la Conservation des Hypothèques dans l'acte de vente lui-même :

— le mode et la date d'acquisition du bien. Exemple : « le vendeur est propriétaire du bien vendu pour l'avoir acquis de M. et Mme Z suivant acte reçu par Maître B, notaire à P, le ...... » ;

— le prix d'acquisition : « moyennant le prix principal de ...... » ;

— le domicile fiscal : il s'agit de la recette des impôts dont dépend le vendeur.

Quant au calcul de la plus-value, il figure sur l'extrait d'acte et sur l'imprimé que le notaire fait signer au vendeur. Ces deux documents sont ensuite déposés à la Conservation des Hypothèques. Cette information restera donc confidentielle vis-à-vis de l'acheteur (le calcul n'a pas à être indiqué dans l'acte lui-même).

➤ L'urbanisme

Le notaire a demandé à la Mairie des renseignements d'urbanisme qui sont reproduits dans l'acte lui-même et annexés à la minute. Ce document administratif précise notamment :

— si le bien est situé dans une zone soumise à un droit de préemption : commune, espaces naturels sensibles... Grâce à cette indication, le notaire aura effectué les notifications nécessaires ;

— dans quelle zone du plan local d'urbanisme il se trouve. Pour plus de renseignements, l'acquéreur devra lui-même se rendre au service d'urbanisme de la Mairie pour consulter le PLU. Une information importante figurera en principe sur la note de renseignements d'urbanisme : la surface minimum pour construire (1 000, 2 000, 3 000) ainsi que le COS (coefficient d'occupation des sols). Elle intéresse surtout celui qui achète un terrain en vue de construire ou une maison qu'il compte agrandir ;

— s'il existe des servitudes d'utilité publique. Par exemple, l'immeuble peut être susceptible de faire l'objet d'un alignement en vue de l'élargissement d'une voie publique ou concerné par des servitudes radioélectriques, aéronautiques (à proximité d'un aéroport) ou d'élagage ;

— si l'immeuble est situé dans le périmètre de protection d'un monument historique. Dans ce secteur, les travaux sont en effet réglementés ;

— si l'immeuble est situé dans un secteur sauvegardé. La mairie peut alors exiger certains travaux de la part des propriétaires tout en leur accordant une subvention pour les réaliser (exemple : ravalement des façades) ;

— s'il existe des prescriptions particulières : ce sera le cas pour des terrains qui ne sont pas constructibles. De plus en plus souvent, les communes, par arrêté municipal, interdisent de déposer des caravanes ou des mobil homes sur ce genre de terrains. Cette information est essentielle pour l'acheteur qui comptait justement utiliser le terrain comme terrain de loisirs. Il pourra soit s'exposer à une amende, soit plutôt renoncer à l'achat. Il est rappelé que la condition suspensive prévue au compromis de vente indique que les pièces d'urbanisme ne doivent pas révéler de servitudes ou de vices pouvant rendre l'immeuble impropre à la destination que l'acquéreur compte lui donner. Dans un tel cas, l'acheteur peut donc se prévaloir de cette condition suspensive.

➤ Copropriété

Le notaire aura, entre temps, recueilli des informations précises de la part du syndic de la copropriété. Le questionnaire préalable est à la fois reproduit en partie dans l'acte de vente et annexé à la minute. Les dispositions déjà rapportées dans le compromis sont reprises ici :

• La subrogation de l'acquéreur au vendeur dont les droits et obligations résultent du règlement de copropriété

L'ACQUÉREUR sera, par le seul fait des présentes, subrogé tant activement que passivement dans tous les droits et obligations résultant pour le VENDEUR du règlement de copropriété, de son ou de ses modificatifs et des décisions régulièrement prises par l'assemblée des copropriétaires, publiées pour celles devant l'être, en ce qui concernent les biens et droits immobiliers objet des présentes.

Il sera tenu de régler tous les appels de fonds qui lui seront faits par le syndic à compter de ce jour.

• La répartition des charges et des travaux

Le VENDEUR règlera au syndic au moyen des fonds provenant de la vente la quote-part des charges de copropriété restant dues jusqu'au jour de l'entrée en jouissance de l'acquéreur en ce compris le coût des travaux de copropriété décidés avant le ......, exécutés ou en cours d'exécution.

L'ACQUÉREUR supporte les charges de copropriété à compter du jour de l'entrée en jouissance et le coût des travaux décidés à compter du ......, exécutés ou en cours d'exécution.

Il est précisé qu'aux termes des dispositions combinées des articles 20 de la loi du 10 juillet 1965 et du 5 du décret du 17 mars 1967, le transfert des charges liquides et exigibles est compris en compte par le syndicat des copropriétaires qu'à partir du moment où la vente a été notifiée au syndic conformément à l'article 6 du décret du 17 mars 1967. Par suite les demandes émanant du syndic s'effectuant auprès du copropriétaire en place au moment de celles-ci, il appartiendra aux parties d'effectuer directement entre elles les comptes et remboursements nécessaires, ce qu'elles s'engagent à effectuer dans un délai de quinze jours à la première demande de l'une ou l'autre.

- **La mise en œuvre de la convention des parties si une assemblée générale a eu lieu entre le compromis et la vente**

ASSEMBLÉE GÉNÉRALE ENTRE L'AVANT-CONTRAT ET LA VENTE

La dernière assemblée générale a eu lieu le ...... soit entre l'avant-contrat et les présentes. Conformément aux conventions contenues à l'avant contrat à ce sujet, l'ACQUÉREUR déclare avoir été prévenu par le VENDEUR et avoir reçu son pouvoir suffisamment à l'avance pour lui permettre d'assister à cette assemblée et d'y voter. En conséquence, toutes les décisions prises lors de ladite assemblée sont opposables à l'ACQUÉREUR dans la mesure où le délai de recours est expiré, ainsi qu'il reconnaît et s'y oblige.

En outre, le notaire va pouvoir préciser le montant des sommes incombant au vendeur et à l'acheteur d'après les indications du syndic. Il s'agit des éléments suivants :

• Sommes dues par le copropriétaire cédant au syndicat

I — Au titre des provisions exigibles sur le budget prévisionnel.
II — Au titre des provisions exigibles en dehors du budget prévisionnel.
III — Au titre des charges impayées.
IV — Au titre des sommes devenues exigibles du fait des présentes (article 33 de la loi du 10 juillet 1965) : il s'agit des honoraires de mutation du syndic.
V — Au titre des avances exigibles constituées soit par des fonds destinés à constituer des réserves ou qui représentent un emprunt du syndicat.

• Sommes dues au copropriétaire cédant par le syndicat

I — Au titre des avances perçues constituées soit par des fonds destinés à constituer des réserves ou qui représentent un emprunt du syndicat : ......
II — Au titre des provisions sur le budget prévisionnel pour les périodes en cours et rendues exigibles en application de l'article 19-2 de la loi du 10 juillet 1965 : ......

• **Sommes incombant au nouveau copropriétaire**

I — Au titre de la reconstitution des avances : ......
II — Au titre des provisions non encore exigibles : ......

Toutes ces sommes sont indiquées par le syndic *« sous réserve de l'apurement des comptes »*. Par contre, désormais, si les comptes sont régularisés en fin d'année, le crédit ou le débit est attribué ou réclamé au nouveau propriétaire.

Grâce à tous ces renseignements, le vendeur et l'acheteur connaîtront, lors de la signature de l'acte de vente ce que le syndic va réclamer à l'un et à l'autre. En ce qui concerne le vendeur, le montant définitif ne figurera que sur l'opposition du syndic suite à la notification de la vente par le notaire. Cependant, les notaires indiquent la date approximative de la vente lorsqu'ils demandent au syndic de remplir le questionnaire préalable (il s'agit de celle prévue au compromis). Ce dernier est donc établi en fonction de cette date, afin d'être le plus précis possible. De plus, dans certaines régions, les notaires demandent au syndic de leur fournir un arrêté de compte au jour de la vente une fois que le rendez-vous est fixé. Le chèque est donc envoyé au syndic en même temps que la notification de la vente. Cela permet d'obtenir plus rapidement le « certificat de l'article 20 » qui atteste que le vendeur est à jour des charges et de débloquer plus vite le prix de vente.

• **L'amiante dans les parties communes**

Suite logique du paragraphe qui précède, la situation des parties communes de l'ensemble immobilier par rapport à la réglementation sur l'amiante est révélée au notaire par le syndic lorsque ce dernier renvoie le questionnaire préalable. Le rapport de l'expert qui a réalisé le diagnostic est visé dans l'acte et annexé. Deux cas se présentent :

a) Le diagnostic a été effectué antérieurement au décret du 3 mai 2002

Il ne concerne que les vérifications qui étaient alors obligatoires (c'est-à-dire la présence d'amiante dans les faux plafonds, les flocages ou les calorifugeages). La clause sera libellée ainsi :

« Les renseignements pris auprès du syndic de la copropriété précisent qu'un dossier technique relatif à la présence ou à l'absence d'amiante dans les parties communes a été établi par ...... le ......

Les conclusions de ce diagnostic ont été les suivantes : ......

Ce dossier technique ne porte pas sur les points visés par les dispositions du décret numéro 2002-839 du 3 mai 2002.

L'**ACQUÉREUR** est averti que l'obligation de faire effectuer les recherches prescrites par ledit décret du 3 mai 2002 incombe au syndicat des copropriétaires et déclare faire son affaire personnelle de cette situation.

b) Le diagnostic a été renouvelé et est donc en conformité avec la réglementation

La clause est alors la suivante :

Les renseignements pris auprès du syndic de la copropriété précisent qu'un dossier technique relatif à la présence ou à l'absence d'amiante dans les parties communes a été établi par ......, le ......, à l'initiative du syndicat des copropriétaires.

Ce dossier technique porte sur les points visés par les dispositions du décret numéro 2002-839 du 3 mai 2002.

Les conclusions de ce diagnostic ont été les suivantes : ......

Les conséquences de ces informations concernent la copropriété toute entière dont l'acheteur vient de devenir membre.

➤ Le bail

La clause la plus simple :

• Contrat de location

Le **bien** est actuellement loué au profit de ...... pour un usage d'habitation aux termes d'un bail sous seing privé établi conformément à la loi du 6 juillet 1989 pour une durée de 3 années ayant commencé à courir le ...... pour se terminer le ...... Ce bail a été consenti et accepté moyennant un loyer annuel hors charges et taxes de ...... payable de la manière suivante : d'avance le premier de chaque mois.

Elles déclarent vouloir faire leur affaire personnelle entre elles de tous comptes de prorata de loyers et remboursement éventuel de loyers d'avance ou dépôts de garantie, de tous comptes de charges, dispensant expressément le notaire soussigné d'avoir à en tenir compte. De son côté le **vendeur** atteste n'avoir aucun litige en cours avec son locataire et que ce dernier n'a effectué aucune modification dans les locaux nécessitant son autorisation.

L'**acquéreur** déclare dispenser le notaire soussigné de relater aux présentes les autres charges et conditions de ce bail.

Le **vendeur** a remis à l'**acquéreur**, qui le reconnaît, le contrat de location en sa possession et la présente transmission de bail sera notifiée au locataire par les soins du notaire soussigné.

• **Sûretés accessoires**

Il est précisé que le contrat de location ne contient aucun cautionnement ni engagement de garantie à première demande.

Dans le compromis, le notaire se sera en principe contenté d'indiquer des éléments succincts au sujet du bail : sa date, le nom du locataire, la durée, le loyer actuel.

Dans l'acte de vente, il rajoutera :

— la désignation des lieux loués : elle est importante pour un bail commercial car elle définit l'activité du locataire ;
— l'identité exacte du locataire ;
— la durée initiale du bail et de ses renouvellements ;
— le montant du loyer mentionné dans le bail et le loyer actuel, ainsi que les charges (avec la date de la dernière révision) ;
— le dépôt de garantie : il est remis par le vendeur à l'acheteur ;
— l'existence d'un cautionnement : si l'éventuelle défaillance du locataire est garantie, le nouveau propriétaire doit savoir contre qui il pourrait se retourner.

Si le bail contient des clauses particulières, le notaire les reproduira.

Pour les autres charges et conditions, les parties sont renvoyées aux termes du bail, l'acquéreur reconnaissant qu'un exemplaire lui est remis par le vendeur.

III. Que faire pour modifier un acte signé ?

A partir du moment où les parties ont signé un acte chez le notaire, il devient définitif. D'une part, il a acquis une date certaine, qui est portée au répertoire de l'étude, d'autre part, le notaire va accomplir les formalités de publicité foncière (il va déposer la copie authentique à la Conservation des Hypothèques). L'acte ne peut plus être modifié sans une nouvelle intervention des parties. C'est pourquoi il est indispensable de signaler toute erreur ou omission avant la signature.

Un acte signé et publié peut faire l'objet d'un acte rectificatif :

A. A l'initiative des parties elles-mêmes

Il s'agit du cas où l'une des parties s'aperçoit d'une erreur lorsqu'elle reçoit son titre de propriété. Dans le cas d'une vente, il s'agira forcément de l'acquéreur. L'erreur peut concerner son état civil. Exemple : Monsieur DURANT a déjà acheté un appartement. Une fiche existe donc à son nom à la Conservation des Hypothèques. Il procède à une deuxième acquisition. Cette fois une erreur est commise sur son nom. Il est orthographié DURAND. En effet, dans ce cas, les Hypothèques ne peuvent pas faire le lien entre les deux fiches. Ce n'est que dans le cas d'une revente qu'il sera remarqué que l'état civil de l'ancien acquéreur devenu vendeur n'est pas le même et qu'il y aura un rejet de l'acte (voir plus loin). Cela résulte du fait que la vente va être mentionnée sur la fiche qui est déjà ouverte. Par contre, lorsqu'une personne achète un bien, le bureau des Hypothèques va tout simplement créer une autre fiche s'il ne retrouve pas l'état civil exact de l'acquéreur sur une fiche existante. Par conséquent, une même personne peut être identifiée sur plusieurs fiches si son état civil n'est pas indiqué de la même manière sur chaque acte.

Dans notre exemple, si l'acheteur souhaite à tout prix que son état civil soit rectifié sur l'acte en question, le notaire devra établir un acte rectificatif. Les frais d'un tel acte s'élèvent autour de 150 euros. Si l'erreur résulte d'une faute de l'étude, le notaire pourrait ne pas réclamer les frais. Par contre, si l'erreur vient d'une omission de l'acheteur, les frais sont en principe à sa charge. Par exemple, deux concubins achètent un bien immobilier. Ils sont présumés se porter acquéreurs à concurrence de moitié chacun. Ils n'indiquent aucune autre répartition au notaire. L'acte est signé. Par la suite, Monsieur se rend compte que sa contribution est supérieure à celle de Madame et qu'il n'a pas pensé à le faire mentionner dans l'acte. Quelqu'un aura pu lui conseiller de le faire, surtout en cas de séparation. En effet, le prix de vente serait partagé en deux, conformément aux proportions indiquées dans leur titre de propriété. Après, en avoir discuté avec sa concubine, ils souhaitent modifier cette indication pour la mettre en conformité avec la réalité. Il est possible de le faire au moyen d'un acte rectificatif.

Un dernier exemple : un promoteur a commercialisé un programme immobilier il y a de nombreuses années. Il se rend compte qu'il a omis de vendre quelques parkings attribués à certains appartements. Ces parkings constituent en effet des lots de copropriété et non des parties communes. En d'autres termes, il s'agit de parkings privatifs et non de parkings privés contrairement à ce que tout le monde a pu penser pendant des années. Bien sûr, entre temps, quelques copropriétaires ont revendu leur appartement. Pour rétablir la situation, il y a donc lieu de rectifier tous les actes intermédiaires avant d'arriver au titre de propriété du propriétaire actuel.

Prenons le cas suivant : M. et Mme D. ont acquis de M. et Mme F. un appartement avec cave et parking. Ce bien est désigné comme suit :

— lot n° 1 : un appartement,

— lot n° 20 : une cave.

Le parking n'est donc pas identifié.

M. et Mme F. étaient eux-mêmes propriétaires pour avoir acquis le même bien de Mme G. en 1995. Mme G. avait elle-même recueilli ce bien dans la succession de sa mère, Mme H., en 1990. Mme H. était quant à elle propriétaire de ce bien pour l'avoir acquis de la SCI L, promoteur de l'immeuble en 1970.

Il y a lieu d'établir un acte rectificatif auquel interviendront la SCI L et M. et Mme D. Cet acte indiquera que c'est à tort et par erreur si :

— dans l'acte de vente par M. et Mme F. à M. et Mme D.,

— dans l'acte de vente par Mme G. à M. et Mme F.,

— dans la succession de Mme H.,

— dans l'acte de vente par la SCI L à Mme H., il a été omis le lot suivant : lot n° 50 : un parking extérieur.

Pour les besoins de la publicité foncière, on évaluera ce parking à 76,22 euros. Les frais de cet acte s'élèveront ici à 305 euros (à la charge du propriétaire actuel).

B. A l'initiative de la Conservation des Hypothèques

Dans ce cas, l'attestation rectificative ou l'acte rectificatif sont rendus nécessaires suite à un rejet de l'acte principal par la Conservation de Hypothèques. Cela signifie qu'il existe une ou plusieurs discordances entre l'acte et le fichier immobilier (par exemple sur l'état civil ou le cadastre du bien).

En règle générale, une simple attestation rectificative établie par le notaire sans l'intervention des parties sera suffisante pour rétablir l'erreur. Cette attestation est signée par le notaire et déposée à la Conservation des Hypothèques comme un acte. Elle est publiée à la suite de l'acte principal qui porte donc deux mentions de publicité foncière. La première correspond à celle à laquelle il a été enregistré et la deuxième est celle de l'attestation rectificative qui entérine définitivement la publication. L'attestation rectificative est reliée à la minute de l'acte principal dans les archives du notaire. Elle est également jointe à l'expédition remise au client.

Prenons un exemple de rejet d'état civil.

Madame Marie France DUPONT a acquis un appartement en 1999. Elle le revend. Elle se fait couramment appeler « Marie-France » comme si son prénom était un prénom composé séparé par un tiret. Or d'après son extrait d'acte de naissance, elle porte en réalité deux prénoms séparés : Marie, France. Sur son titre de propriété, le notaire a bien orthographié « Marie France DUPONT ».

Imaginons qu'elle se marie entre temps et que sur son acte de mariage, son prénom soit mentionné avec un tiret (ce genre d'erreur n'est pas fréquent mais peut arriver). Le notaire qui rédige l'acte de vente de l'appartement se fie à l'acte de mariage et l'identifie « Marie-France ». L'acte de vente va faire l'objet d'un rejet à la Conservation des Hypothèques pour le motif suivant :

NOTIFICATION DE CAUSE DE REJET

Maître,

Vous avez déposé aux fins de publication le ......, le document suivant :

Vente du ...... DUPONT/DURAND

La vérification effectuée après l'acceptation du dépôt m'a conduit à constater l'irrégularité suivante : — inexactitude de l'identité des parties — article 38, paragraphe 1, décret du 14/10/55.

Avant l'expiration d'un délai d'un mois à compter de la présente notification, il vous appartient de régulariser le document. A défaut, la formalité serait définitivement rejetée.

Le Conservateur des Hypothèques

Le notaire corrige l'erreur en établissant l'attestation suivante :

ATTESTATION RECTIFICATIVE

Acte de vente par Mme DUPONT à M. et Mme DURAND du ......

Comme suite à la notification du rejet du ......

Page 1 paragraphe « état civil »

Au lieu de : « Madame Marie-France DUPONT »

Il y a lieu de lire : « Madame Marie France DUPONT »

Une autre discordance courante avec le fichier immobilier peut concerner l'omission d'un modificatif à un règlement de copropriété. Ce modificatif doit être mentionné dans un titre de propriété lorsqu'il concerne les lots en question (division ou réunion de lots, augmentation générale des tantièmes suite à une cession de parties communes). Le rejet aura le motif suivant : « omission du modificatif de l'état descriptif de division en date du ...... »

Le notaire rédigera l'attestation rectificative suivante :

« Page 3. Paragraphe Etat descriptif de division, il y a lieu d'ajouter : Modifié suivant acte reçu par Maître ......, le ...... publié au Bureau des Hypothèques de ......, le ...... »

L'établissement de l'attestation rectificative n'entraîne aucun frais supplémentaire pour le client. Le coût est déjà compris dans la provision sur frais versée lors de la signature de l'acte, afin d'éviter de le demander au client en cas d'éventuel rejet.

Dans d'autres cas, il peut être nécessaire d'établir un acte rectificatif. Ils concernent par exemple des erreurs de désignation cadastrale ou d'origine de propriété.

Une hypothèse concrète : Monsieur V, médecin, a acheté un local professionnel désigné lot n° 200 de l'état descriptif de division. Or ce local est une partie d'un ancien lot beaucoup plus grand que le précédent propriétaire avait divisé en deux bureaux en édifiant un plancher. Un autre local se trouve donc à l'étage au-dessus. Il fait également l'objet d'une vente. Or le précédent propriétaire n'a jamais régularisé la situation juridique des deux bureaux en demandant une autorisation de division de lot à l'assemblée générale de la copropriété. Le notaire qui procède à la première vente s'en aperçoit et rédige un acte modificatif de l'état descriptif de division indiquant que le lot 200 n'existe plus et est divisé en lots 201 et 202. Le deuxième notaire qui s'occupe de la deuxième vente, réalisée simultanément avec la première, n'est pas mis au courant de cette modification. Il vend donc le lot 200. Son acte ne pourra pas être publié puisque le lot 200 n'existe pas. Il devra établir un acte rectificatif comportant la désignation nouvelle du lot vendu et mentionnant le modificatif de l'état descriptif de division établi par l'autre notaire.

Chapitre 2.

Les événements familiaux

Avant ou après un achat immobilier ou la vente d'un immeuble, deux types d'événements familiaux impliquent le recours au notaire : le mariage et le divorce.

I. Je me marie

Les futurs époux rendront visite à leur notaire s'ils ont l'intention de faire un contrat de mariage préalablement à leur union. Ils peuvent également simplement se renseigner dans un premier temps pour savoir si l'établissement du contrat est nécessaire. S'ils ne le font pas, ils seront automatiquement soumis au régime légal de la communauté réduite aux acquêts :

— tous les biens, meubles ou immeubles, acquis pendant le mariage tombent dans la communauté sauf déclaration de remploi de deniers propres ;

— seuls les biens reçus à titre gratuit pendant le mariage (par donation ou succession) ou acquis avant le mariage restent des biens propres.

Concrètement, quatre types de régimes matrimoniaux sont proposés par le notaire aux futurs époux.

A. La communauté de biens meubles et acquêts

Il s'agit de l'ancien régime légal qui s'appliquait avant le 1er février 1967. Non seulement les biens acquis pendant le mariage font partie de la communauté mais aussi tous les biens meubles, même ceux existant avant le mariage (par exemple les fonds de commerce mais aussi les dettes des époux). En pratique ce régime matrimonial ne concerne plus que les personnes qui se sont mariés avant le 1er février 1967.

B. La séparation des biens

Chaque époux reste personnellement propriétaire de ses biens y compris ceux qu'il achète au cours du mariage. Il n'est pas nécessaire de justifier de l'origine des deniers, le bien est présumé appartenir à celui qui l'achète.

La séparation de biens est indispensable si l'un des époux exerce une profession indépendante (profession libérale, commerçant, artisan). Elle permet en effet de protéger les biens de l'autre époux qui seront à l'abri de la poursuite des créanciers. En cas de décès, seuls les biens appartenant au défunt doivent être déclarés (voir chapitre 3). En cas de divorce, il est procédé au partage des biens, chacun récupérant les siens. Si l'un des époux a participé au financement du bien de l'autre (par exemple pour des travaux), il est titulaire d'une créance vis-à-vis de son conjoint qui doit donc être prise en compte dans le partage.

Ce régime est enfin quelquefois choisi lorsque l'un des époux est plus fortuné que l'autre. Il peut souhaiter protéger son patrimoine en cas de divorce car sous le régime légal :

— d'une part les gains et salaires tombent dans la communauté et tous les comptes bancaires, y compris ceux

ouverts au nom d'un seul des époux, doivent être partagés, sauf ceux ouverts avant le mariage ;
— d'autre part, un bien acquis pendant le mariage est présumé faire partie de la communauté sauf déclaration de remploi de deniers propres.

Il sera peut-être plus prudent d'opter pour la séparation de biens afin que l'un des époux ne soit pas spolié par l'autre.

C. La communauté universelle

Tous les biens, présents et à venir, font partie de la communauté. Elle comprend également les biens reçus par donation ou succession, même pendant le mariage ainsi que les biens appartenant à chacun des époux avant le mariage.

Une formalité est cependant nécessaire pour que les biens déjà possédés par chaque époux tombent dans la communauté. Il faut rédiger un acte d'apport à la communauté qui est publié à la Conservation des Hypothèques. Cet apport peut être constaté dans le contrat de mariage lui-même. Mais il est aussi possible de régulariser cet acte plus tard, par exemple à l'occasion de la vente d'un bien immobilier propre à l'un des époux. La vente intervenant au cours de la communauté, les deux époux ont la qualité de vendeur. Mais préalablement à la vente, il faut constater que le bien fait désormais partie de la communauté. L'époux propriétaire fait donc apport du bien à la communauté pour la valeur correspondant à son prix de vente. Les frais de cet acte (calculés sur la valeur du bien) sont alors déduits du prix de vente lors de la signature des deux actes qui interviennent simultanément. Voir un exemple chiffré : Monsieur A. est propriétaire par succession reçue avant son mariage d'une maison évaluée à 175 400 euros. Pour établir l'acte d'apport à la communauté, le notaire demande les formalités suivantes : états civils, cadastre, extrait d'acte, attestation, réquisition de publication, renseignements et demandes, copie authentique. Le montant des frais s'élèvera à 1 757,95 euros.

Ce régime matrimonial concerne plutôt les personnes d'un certain âge qui se marient ou se remarient tard et qui, en général, n'ont pas de descendant. En cas de décès, la communauté est en effet attribuée au conjoint survivant (ce qui permet d'écarter les autres héritiers potentiels comme les parents s'ils sont encore en vie ou les frères et sœurs). De plus, fiscalement, le décès n'ouvre pas une succession. Il n'y a donc pas lieu de déposer une déclaration de succession à la Recette des Impôts. Il suffit de constater la transmission de propriété des immeubles au conjoint au moyen de l'attestation de propriété (voir chapitre 3). Si les époux ont des enfants après leur mariage, ces derniers n'hériteront qu'après le décès du conjoint survivant. Cette situation peut être avantageuse pour les descendants lorsque le patrimoine des époux est important et donne lieu au paiement de droits de succession. Ces droits seront alors reportés au décès du conjoint, ce qui permet aux héritiers de s'organiser pendant ce temps.

Une précision au sujet des descendants : si les époux ont déjà des enfants au moment de leur mariage, l'avis de ces derniers est nécessaire pour l'adoption de ce régime matrimonial, puisqu'ils vont être privés de leurs droits lors du décès du premier conjoint.

D. La participation aux acquêts

Ce régime particulier fonctionne comme une séparation de biens pendant la durée du mariage mais est ensuite liquidé comme une communauté en faisant la différence entre le patrimoine originaire et le patrimoine final. Il est donc intéressant pour des époux pratiquant une profession indépendante. Le contrat de mariage comporte en général la liste des biens appartenant à chaque futur époux, afin de pouvoir définir plus tard le patrimoine originaire. La liquidation de ce régime est cependant complexe. Son utilisation reste donc limitée.

E. Quels documents les futurs conjoints doivent fournir au notaire pour l'établissement du contrat de mariage ?

Dans la plupart des cas, la production d'extraits d'actes de naissance suffira. Si le contrat de mariage comporte un apport de biens immobiliers, il faudra fournir le titre de propriété. En effet, comme tout acte soumis à publicité foncière, le contrat devra indiquer la désignation complète des immeubles ainsi que leur origine de propriété.

F. Quel est le coût d'un contrat de mariage ?

Les frais d'un contrat habituel s'élèvent à 300 euros environ. Par contre, en cas d'apports immobiliers, les frais seront calculés proportionnellement à la valeur des dits biens. Les futurs époux doivent se rendre chez le notaire avant de passer devant le maire. En effet le notaire leur remet un certificat indiquant la date du contrat de mariage, l'identité complète des futurs époux et le nom du notaire qui l'a reçu. Ce certificat doit être remis à l'Officier d'Etat Civil avant la célébration du mariage.

Si les époux n'ont pas pensé à l'utilité d'établir un contrat de mariage, est-il possible de réparer cette omission après la célébration ?

La réponse est négative car le contrat de mariage doit être régularisé avant celle-ci. A défaut de contrat, les époux sont automatiquement soumis au régime légal de la communauté réduite aux acquêts. Mais cette situation n'est pas pour autant irréversible car il est possible de changer de régime matrimonial au cours du mariage. Il y a par contre lieu de respecter certaines conditions et une procédure un peu longue.

G. Les conditions du changement de régime matrimonial

Tout d'abord, la convention portant changement de régime matrimonial doit obligatoirement être notariée. Ensuite, le changement ne peut intervenir qu'après un délai de deux ans à compter du mariage ou du contrat de mariage (car il est également possible de changer de régime matrimonial après en avoir choisi un autre par contrat de mariage).

Les mêmes options s'offrent aux époux :
— la communauté de biens meubles et acquêts,
— la séparation de biens,
— la communauté universelle,
— la participation aux acquêts.

Les frais de l'acte de changement de régime matrimonial sont les mêmes que ceux d'un contrat de mariage : 300 euros environ. D'autres frais peuvent s'y rajouter dans les cas suivants :
— adoption de la communauté universelle : il y aura lieu d'établir un acte d'apport à la communauté des biens propres de chaque époux ;
— adoption de la séparation de biens à la place de la communauté légale : il faut procéder à la liquidation de

la communauté, comme en cas de divorce. Les biens communs ainsi que le passif doivent faire l'objet d'un partage afin d'être attribués séparément à chaque époux. Les immeubles deviennent indivis mais chaque époux récupère son passif (par exemple, un prêt professionnel contracté par un époux pour l'exercice de son activité).

Là encore, les frais des actes sont établis d'après la valeur des immeubles ou l'actif dans le cas d'un partage.

Mais la procédure ne s'arrête pas à l'intervention du notaire.

H. La procédure de changement de régime matrimonial

Tout acte portant changement de régime matrimonial doit être homologué par le tribunal de grande instance. Le législateur a voulu que ce changement respecte les intérêts de la famille. Il a donc souhaité qu'un juge procède à ce contrôle. Après le notaire, les époux devront se rendre chez un avocat qui préparera un dossier qu'il soumettra au tribunal de grande instance. Par exemple en cas d'adoption de la communauté universelle, ce dossier devra comporter les avis écrits des enfants. L'avocat se chargera aussi de faire passer une annonce dans un journal d'annonces légales (c'est une formalité obligatoire). Les époux devront en plus assumer les honoraires de l'avocat. Le délai pour obtenir l'ordonnance d'homologation est relativement long (8 mois environ). Une fois qu'elle est rendue, l'avocat doit remettre au notaire un dossier comportant :

— l'ordonnance,
— le journal d'annonces légales,
— un extrait d'acte de mariage comprenant la mention du changement de régime matrimonial.

Ces documents font l'objet d'un acte de dépôt au rang des minutes du notaire constatant définitivement le changement de régime matrimonial. Car cette procédure en 2 temps a des conséquences sur la date d'effet du changement :

- **Entre les époux**

C'est la date de la décision de justice et non celle de l'acte du notaire qui compte dans les rapports entre époux. Cela signifie que si l'un des époux décède avant l'homologation, c'est l'ancien régime matrimonial qui s'applique encore et qui va être liquidé. De même, si l'un des époux procède seul à une acquisition immobilière s'ils étaient soumis au régime légal, il devra toujours le faire en remploi de deniers propres pour que le bien lui soit personnel. A défaut, il tombera dans la communauté et devra être compris dans l'acte de partage qui sera établi après l'homologation.

- **A l'égard des tiers**

Le changement de régime matrimonial leur devient opposable 3 mois après les formalités de publicité (c'est-à-dire le journal d'annonces légales) à moins que les époux aient déclaré avoir changé de régime dans l'acte passé avec les tiers. Par exemple, si un époux se porte caution de sa société vis-à-vis d'une banque et s'il indique bien dans l'acte de cautionnement qu'il est actuellement soumis au régime légal mais « qu'il a opté pour le régime de la séparation de biens suivant acte reçu par Maître ...., notaire à ...., le ...., en cours d'homologation », son époux ne sera pas inquiété. A l'inverse, s'il ne mentionne rien, le cautionnement sera présumé donné par un époux encore marié sous le régime de communauté et tous les biens communs, y compris les gains et salaires de son épouse, seront engagés.

Nous préciserons enfin que ce n'est qu'après la délivrance de l'ordonnance d'homologation que le notaire établira l'acte de partage des biens ou l'acte d'apport à la communauté, s'ils sont nécessaires.

En pratique, il est rare qu'un juge refuse d'homologuer un changement de régime matrimonial. Il faudrait qu'il soupçonne une volonté frauduleuse des époux (par exemple compromettre les droits des créanciers d'un époux ou attribuer la propriété d'un bien à une épouse beaucoup plus jeune alors que l'époux a un enfant d'un premier mariage).

Dans ce domaine, le notaire joue pleinement son rôle de conseil en droit de la famille et en droit du patrimoine. Un client qui se marie voudra par exemple protéger ses enfants issus d'un premier lit. De plus cette matière a donné lieu à de nombreux arrêts de jurisprudence, notamment lorsque les époux veulent changer de régime matrimonial pour échapper à leurs créanciers. Le notaire pourra dans un premier temps leur indiquer si cette procédure sera utile, en fonction de la situation particulière de ses clients. Il ne faut pas croire que le passage sous le régime de la séparation des biens soit toujours une solution miracle pour des époux endettés. Ces derniers ne sont pas à l'abri du recours d'un créancier jugeant que ce changement est fictif, même une fois qu'il a été homologué. S'il obtient gain de cause, les époux reviendront au point de départ et retrouveront leur ancien régime matrimonial. Tous les frais qu'ils auraient engagés finiraient en pure perte. Il y a donc lieu de prendre toutes les précautions nécessaires pour que ce changement ne soit pas sujet à contestation.

II. Je divorce

Deux professionnels du droit interviennent dans cette matière : l'avocat et le notaire.

L'avocat se charge de la procédure devant le tribunal (requêtes, assistance de son client devant le juge). Il tente de concilier les intérêts des époux afin d'établir une convention qui sera soumise à l'homologation du juge aux affaires matrimoniales.

Les époux en instance de divorce consultent d'abord leurs avocats respectifs ou leur avocat commun. Le notaire n'intervient que dans un second temps, pour rédiger la convention. En effet, depuis la loi du 26 mai 2004, cette convention doit obligatoirement être notariée si elle porte sur des biens immobiliers. De plus elle comporte désormais toutes les modalités de règlement du divorce (droit de garde des enfants, prestation compensatoire), alors qu'auparavant son objectif était limité à la liquidation du régime matrimonial. L'avocat fournit donc au notaire les éléments qu'il a lui-même recueillis ou négociés. Le notaire calcule les conséquences du partage :

— montant de la soulte si l'un des époux reçoit une attribution supérieure à celle de l'autre, modalités de règlement de cette soulte (comptant, au moyen d'un prêt, en plusieurs fois) ;

— compensation éventuelle de la soulte avec la prestation compensatoire : si un époux a droit à une prestation compensatoire et s'il doit en même temps verser une soulte à son conjoint, il peut abandonner une partie de la prestation compensatoire en contrepartie de la soulte qu'il devait payer ;

— désolidarisation d'un époux du passif d'un bien attribué à l'autre : lorsqu'un prêt est consenti aux deux époux pour acquérir un bien et si ce bien est attribué à un seul époux, ce dernier va prendre seul à sa charge le solde du passif.

Cependant, cet accord ne s'applique qu'entre les ex-époux et n'est pas opposable à la banque. Cette dernière peut toujours poursuivre l'ex-époux si l'autre est défaillant. C'est pourquoi le notaire demande à la banque de désolidariser celui qui abandonne le bien.

Par contre, si les époux ne sont propriétaires d'aucun bien immobilier, la convention n'a plus à être établie par acte notarié.

L'acte de liquidation est établi « sous réserve de l'homologation du juge ». Il comporte néanmoins la désignation complète des immeubles ainsi que leur origine de propriété. Les époux doivent donc remettre au notaire leurs titres de propriété ainsi que les tableaux d'amortissement des prêts s'il y a lieu. C'est en effet à partir de ce tableau que le notaire va déterminer le montant du capital restant dû qui sera porté au passif de la liquidation.

Les époux doivent également se mettre d'accord sur la valeur des immeubles. Le notaire calculera alors l'actif et le passif de la liquidation, puis les attributions de chaque époux. Un projet est en principe soumis aux parties avant la signature. Bien que la liquidation ait lieu en deux temps, cet acte n'en est pas moins définitif. Les parties ne pourront pas revenir sur leurs accords à moins que le juge ne refuse l'homologation et ne demande donc un nouveau partage.

Une fois que le jugement de divorce est rendu, l'avocat en fait parvenir une expédition au notaire. Ce dernier rédige alors l'acte de dépôt du jugement qui constate l'homologation de la convention et le partage des biens. Il reprend la désignation et l'origine de propriété des immeubles dans le cadre des attributions de chaque époux.

Une formalité importante soulève quelques interrogations depuis la loi du 26 mai 2004 : il s'agit du paiement du droit de partage (1,10 % sur l'actif net). Auparavant, ce règlement devait obligatoirement être fait auprès de la Recette des Impôts avant la délivrance de l'expédition du jugement par le greffe du tribunal. Cette expédition comportait en effet la mention d'enregistrement qui indique notamment le montant réglé à la Recette. Désormais, afin d'accélérer le règlement définitif du divorce après son prononcé, le greffe délivre le jugement sans attendre cette formalité. Il n'en demeure pas moins que ce droit doit être réglé et que cette mention d'enregistrement doit apparaître soit sur le jugement, soit sur l'acte de dépôt du notaire.

Deux solutions semblent se présenter :

— soit l'avocat se charge de faire enregistrer le jugement auprès de la Recette des Impôts avant de le transmettre au notaire. Dans ce cas les ex-époux devront régler directement le droit de partage ;
— soit le notaire provisionne ce droit de partage dans ses frais d'acte et le règle lui-même à la Recette des Impôts. Dans ce cas la mention d'enregistrement est apposé sur l'acte de dépôt. Mais il ne concerne que l'hypothèse où l'acte porte sur des biens immobiliers : celui-ci est en effet soumis à la double formalité. Les expéditions sont d'abord remises à la Recette des Impôts pour enregistrement. Elles ne sont déposées à la Conservation des Hypothèques qu'après l'exécution de cette formalité.

La solution paraît plus incertaine lorsque le partage ne comporte que des biens mobiliers (compte en banque, parts sociales...). Si le notaire rédige l'acte, il n'est soumis qu'au droit fixe d'enregistrement (125 euros). Le notaire procède lui-même à cette formalité sans avoir à déposer l'acte à la Recette des Impôts.

Deux hypothèses peuvent alors se produire :

— la Recette va réclamer directement le droit de partage aux époux. Chacun va recevoir un courrier lui réclamant ce droit ;
— le notaire provisionne le droit de partage dans les frais d'acte et le règle à la Recette. Par contre, aucune mention ne sera apposée sur l'acte comme dans le cas précédent. La preuve du règlement apparaîtra dans la comptabilité du notaire. Il est aussi possible de demander à la Recette des Impôts d'accuser réception du versement. Les usages en la matière varient selon les régions et les Recettes des Impôts. Dans tous les cas les époux doivent se ménager la preuve de ce règlement car il s'agit d'une formalité qui fait partie intégrante de la procédure de divorce, ce qu'ils ignorent la plupart du temps compte tenu des multiples et complexes modalités du divorce.

Ce que nous venons d'exposer concerne les cas de divorce par consentement mutuel, qui sont devenus, surtout depuis la loi de 26 mai 2004, les cas les plus courants de divorce. L'objectif de cette loi était en effet de marginaliser les divorces contentieux. Mis à part le divorce pour faute, qui a été maintenu, les autres cas semblent moins fréquents (divorce accepté, divorce pour altération définitive du lien conjugal). Les époux préféreront en effet la procédure de divorce par consentement mutuel qui est beaucoup plus rapide.

Dans les divorces contentieux, le notaire n'intervient qu'après l'audience de conciliation. Le juge va alors prescrire des meures provisoires et notamment « désigner un professionnel qualifié en vue de dresser un inventaire estimatif ou faire des propositions quant au règlement des intérêts pécuniaires des époux » (l'article 255-9 et 255-10 du Code civil). Ce professionnel peut donc être n'importe quel juriste. Le juge est libre de son choix. Cependant, il semble que le notaire soit naturellement le mieux placé pour remplir ce rôle. De plus, le juge peut lui demander d'élaborer un projet de liquidation et de formation des lots si l'accord des époux le permet déjà ou simplement pour avoir une idée du patrimoine des époux, notamment en vue de fixer la prestation compensatoire.

A partir de l'ordonnance de non conciliation, l'un des époux peut actionner l'instance en divorce. Pendant la procédure, les époux peuvent établir des conventions entre eux. Si elles portent sur des biens immobiliers elles sont obligatoirement rédigées par un notaire. Ces conventions sont également soumises à l'homologation du juge et suspendues au prononcé du divorce. Par contre, si les époux ne parviennent à aucun accord, le juge peut malgré tout prononcer le divorce et ordonner le partage des biens. Cet acte de partage doit être régularisé dans un délai d'un an à compter du jugement de divorce. Le législateur a ainsi souhaité accélérer le règlement de la liquidation du régime matrimonial après le divorce, alors que le partage pouvait jusqu'alors s'éterniser sur plusieurs années si chaque ex-époux campait sur ses positions quant à ses modalités.

Désormais, un délai lui est imparti pour parvenir à un règlement définitif. Le notaire va jouer un rôle de conciliateur pour parvenir à ce résultat avec la collaboration des avocats respectifs des époux. S'il n'y parvient pas, il dressera un procès-verbal de difficultés transmis au tribunal. Il s'agit d'un acte notarié qui constate les déclarations de chaque époux quant à l'état du patrimoine (notamment sur l'évaluation des biens immobiliers) et quant aux propositions de partage. A la vue de ce document, le juge peut accorder un nouveau délai de 6 mois pour aboutir à la liquidation. A la fin de ce délai, si aucun accord n'est encore intervenu, le juge va trancher sur les contestations des époux et les renvoyer une dernière fois vers le notaire pour l'établissement de l'état liquidatif.

Le notaire et l'avocat sont donc plus que jamais complémentaires. Ils travaillent ensemble dès le début du dossier dans les divorces non contentieux.

Ainsi qu'il a été expliqué en première partie, les actes que le notaire établit (convention liquidative, acte de dépôt et de partage, acte de partage après divorce) sont analysés comme des partages de biens, au même titre que les partages de successions.

Nous allons maintenant nous intéresser à la transmission du patrimoine, avant et après le décès.

Chapitre 3.

Donner et hériter

Le législateur a prévu plusieurs dispositifs qui permettent d'organiser la transmission du patrimoine et de payer moins d'impôts. Mais le problème de l'héritage se pose un jour ou l'autre.

I. Je veux transmettre mes biens à mes héritiers

Deux moyens s'offrent au disposant : le testament et la donation.

A. Le testament

Il ne prend effet qu'au décès de testateur.

En général, un simple sous seing privé est suffisant pour exposer les intentions du testateur. Il doit quand même être intégralement écrit de la main du disposant et contenir certaines mentions obligatoires : le lieu, la date, l'identité complète du testateur, « je soussigné Mme X. veuve de M. Y., née à ......, le...... », sa signature. Le conseil du notaire sera souvent nécessaire pour s'assurer de la validité de ce testament qui est couramment appelé : « Testament olographe ». Son intervention pourra également permettre la conservation du testament. En effet le notaire tient un registre des testaments remis à l'étude.

L'enveloppe qui le contient est fermée par le testateur lui-même et déposée dans le coffre de l'étude. Le notaire effectue également une formalité : il fait inscrire le testament au Fichier Central des Dispositions de dernières volontés. Ce centre situé à Venelles (dans les Bouches-du-Rhône) recense toutes les dispositions libérales (testaments, donations entre époux) au sein d'un fichier national qui est interrogé par les notaires lorsqu'ils sont chargés d'une succession. Les seuls frais que le notaire réclamera seront ceux de l'inscription à ce fichier. Il ne perçoit aucun honoraire à ce moment-là. Ce n'est que lors de l'ouverture de la succession qu'il aura droit à un émolument en sa qualité de dépositaire du testament.

Le **testament authentique** est une autre forme plus solennelle et parfois obligatoire de disposition de dernière volonté. Il s'agit d'un acte reçu par le notaire en présence de deux témoins qui ne doivent avoir aucun lien de parenté avec le testateur. L'identité complète de ces témoins est reproduite dans l'acte. Le testateur dicte ses volontés au notaire qui les écrit immédiatement. En pratique un clerc assistera au rendez-vous et tapera l'acte sur une machine à écrire ou un ordinateur. Ensuite le notaire lit le testament devant les témoins, afin que ces derniers puissent contrôler qu'il retranscrit bien les paroles du testateur. Toutes les parties signent ensuite l'acte, de même que le notaire.

Comme tout acte notarié, le testament authentique bénéficie d'une date certaine et de la force probante. Il peut donc être difficilement contesté. De plus si le testateur ne peut pas écrire ni signer, c'est le seul moyen pour lui d'exprimer ses dernières volontés.

B. La donation

Ainsi que nous l'avons déjà vu, la forme notariée n'est pas nécessaire lorsque la donation porte sur des sommes d'argent. Mais le donateur n'est pas pour autant déchargé de ses obligations fiscales. Les dons manuels doivent en effet être déclarés à la Recette des Impôts sur un imprimé prévu à cet effet. Ils viennent en effet en déduction de l'abattement fiscal dont bénéficie le donateur. Cet abattement s'applique à la fois aux donations et aux successions. Il se reconstitue tous les 6 ans. Si le donateur décède avant ce délai, la donation est prise en compte dans l'abattement successoral.

En pratique, le donateur demandera souvent des explications à son notaire avant de réaliser cette déclaration, notamment lorsqu'elle intervient suite à la vente d'un bien immobilier. Il peut alors souhaiter donner un peu d'argent à ses enfants et conserver le solde du prix de vente. Le notaire lui conseillera de déclarer ce don manuel et l'aidera à remplir l'imprimé.

Si la donation porte sur d'autres biens mobiliers (parts sociales, placement, fonds artisanal ou fonds de commerce), elle doit dans certains cas être constatée par acte notarié. Les parties peuvent aussi désirer profiter des conseils du notaire. Il effectuera en effet toutes les formalités nécessaires (modification des statuts d'une société, changement de gérant...). Les frais de cet acte sont calculés selon le même barème que les donations d'immeubles.

Un exemple chiffré : Monsieur et Madame B. font donation de parts de SCI à leurs enfants pour un montant global de 60 000 euros. Les émoluments de formalités sont les suivants : états civils, attestations, copies authentiques et libres, renseignements, greffe (demande d'extrait Kbis et dépôt des statuts mis à jour). Le montant global des frais s'élèvera à 1 600 euros environ.

➤ Quels documents ou renseignements le notaire va demander au donateur ?

• Son livret de famille ou le nombre d'enfants

Il est déconseillé d'avantager un enfant par rapport aux autres car ils ont tous les mêmes droits dans la succession de leurs parents. Cela signifie qu'au décès de l'un d'entre eux, un enfant peut considérer que son frère ou sa sœur qui ont déjà eu un bien par donation ont reçu une part supérieure à la sienne. Il a le droit de demander la réduction de la donation dans un délai de 5 ans à compter du décès. Le notaire attirera donc l'attention des donateurs sur ce risque. Si cela leur est possible, il est préférable d'organiser une transmission équilibrée de leur patrimoine. Le notaire exerce ici son devoir de conseil et son rôle de professionnel du droit et de la famille.

• Le titre de propriété

Si la donation porte sur des biens immobiliers, le notaire en aura besoin puisqu'il s'agit d'un acte soumis à publicité foncière. Si elle concerne un placement, le notaire interrogera la banque pour en connaître toutes les références (intitulé, numéro, montant). Pour des parts sociales, le donateur devra remettre les statuts de la société ainsi que les éventuelles cessions de parts déjà intervenues afin que le notaire puisse effectuer la mise à jour des statuts si elle n'a pas été faite.

• Les coordonnées du syndic de la copropriété

Si le bien donné est un lot de copropriété, le notaire va notifier la donation au syndic par lettre recommandée avec accusé de réception. Pour ce dernier, elle constitue une mutation du lot de copropriété et par conséquent, un changement de propriétaire, même si la donation ne porte que sur la nue-propriété. Le syndic doit être au courant du démembrement de propriété afin de pouvoir convoquer la bonne personne aux assemblées générales. D'après le Code de la copropriété, les indivisaires doivent désigner un représentant commun. A défaut d'indication, le syndic adressera la convocation au nu-propriétaire.

II. J'hérite

Un décès entraîne deux obligations pour les héritiers :

— faire constater la transmission des biens à leur profit ;

— déposer une déclaration de succession à la Recette des Impôts du domicile du défunt dans les 6 mois du décès.

A. La transmission des biens immobiliers

Le recours à un notaire est bien sûr indispensable pour établir cet acte qui s'intitule **« attestation de propriété »**, mais le travail du notaire ne va pas se limiter à la rédaction de cet acte. Pour constater la mutation des immeubles aux héritiers, encore faut-il qu'il puisse identifier ces derniers avec certitude.

➤ La dévolution successorale

Dans les successions en ligne directe (entre parents et enfants et petits-enfants venant en représentation d'un enfant prédécédé) ou collatérale (entre frères et sœurs ou cousins), l'établissement de la dévolution successorale ne comporte en principe aucune difficulté. Le notaire demande le livret de famille de la personne décédée, sur lequel il trouvera l'identité de tous ses enfants. Il actualisera simplement les éléments avec l'aide du conjoint survivant : adresse actuelle des enfants, professions, état marital. Pour une succession collatérale, il aura besoin du livret de famille des parents du défunt pour y découvrir les frères et sœurs.

En ce qui concerne les cousins, la recherche peut être plus délicate car il existe plusieurs degrés de parenté. En cas de doute ou dans l'impossibilité de retrouver les coordonnées de l'un d'entre eux, le notaire devra faire appel à un généalogiste.

Ce dernier peut avoir deux missions :

— vérifier simplement la dévolution successorale : c'est le cas si le notaire connaît les héritiers mais ne parvient pas à les localiser ;
— établir la dévolution successorale : si les héritiers ne sont pas connus ou si le notaire pense qu'il peut y en avoir d'autres, le généalogiste va alors se livrer à un véritable travail d'investigation.

En même temps que la recherche des héritiers, le notaire doit vérifier que le défunt n'avait laissé aucune disposition de dernière volonté.

Pour cela, il interroge le fichier de Venelles. Il remplit un imprimé de demande de renseignements, auquel il joint un extrait d'acte de décès. La réponse revient environ 3 semaines après. Le fichier répond sur un imprimé d'interrogation qui indique :

— soit qu'il n'y a « aucune disposition inscrite au fichier » ;
— soit qu'il y a une disposition. Apparaissent alors la date de cette disposition (qui peut être un testament ou une donation entre époux, ce qui n'est pas précisé) ainsi que le notaire qui la détient (c'est-à-dire celui qui a inscrit le testament au fichier ou celui qui a reçu l'acte de donation entre époux).

Une fois que le notaire a réuni tous ces éléments qui lui permettent de dresser la dévolution successorale, il pourra établir **« l'acte de notoriété »**. Cet acte comporte l'intervention de tous les héritiers qui y déclarent reconnaître leur qualité et accepter la succession. Ils doivent donc le signer, à moins de se faire représenter au moyen d'une procuration. A ce stade, il est néanmoins possible de ne pas accepter la succession et d'attendre plus de renseignements pour prendre position. Dans ce cas le notaire rédigera ensuite un **« acte d'acceptation de la succession »**.

Demeureront annexés à cet acte un acte de décès ainsi que la réponse du fichier de Venelles. A partir de la signature de cet acte, le notaire délivrera aux héritiers des attestations dévolutives (utiles par exemple pour les organismes de retraite ou les banques). Si le défunt avait un véhicule, la demande de transfert de la carte grise doit être accompagnée d'une attestation dévolutive spéciale sur laquelle le notaire vise les éléments de la carte grise, ainsi que des lettres de désistement des héritiers.

Si le défunt a laissé un testament, le notaire devra d'abord régulariser l'acte de dépôt de ce testament aux minutes de l'étude. Cet acte comporte une description rapide du testament (première et dernière phrase, nombre de lignes, format et qualité du papier). Si le légataire n'est pas un héritier direct, il devra obtenir une ordonnance d'envoi en possession du legs. Pour cela, il devra faire appel à un avocat. Le notaire lui remet une expédition de l'acte de dépôt du testament. L'avocat dépose ensuite une requête au tribunal, dans laquelle il expose la motivation de cet envoi en possession. Dès que l'ordonnance est rendue, l'avocat la transmet au notaire, qui rédige un deuxième acte de dépôt à ses minutes. Il est alors en mesure de rédiger l'acte de notoriété, lequel visera les actes de dépôt du testament et de l'ordonnance.

L'ordre des actes s'établira donc comme suit :

1) **Acte de dépôt du testament** : si le testament était déposé chez un autre notaire, c'est ce dernier qui doit recevoir cet acte. En plus des frais de l'acte de dépôt, il aura ensuite droit à des émoluments calculés sur la part du légataire. Le notaire chargé de la succession ne percevra quant à lui aucune rémunération sur la base de ce testament.

2) **Acte de dépôt de l'ordonnance d'envoi en possession**.

3) **Acte de notoriété**.

Nous ne nous étalerons pas ici sur la donation entre époux puisque le conjoint survivant exerce à présent l'option légale. Si elle devait toutefois s'appliquer (par exemple en présence d'enfants d'un premier lit), elle donne simplement lieu à des honoraires d'ouverture dus au notaire qui l'a rédigée. Ce dernier procèdera à une seule formalité : l'enregistrement de la donation entre époux auprès de la Recette des Impôts.

Comme dans le cas d'un testament, les honoraires sont ici perçus sur la part recueillie par le conjoint survivant (d'après la déclaration de succession). Si un autre notaire est chargé du règlement de la succession, il indiquera à son confrère les droits du conjoint. Ce dernier peut également réclamer un projet de la déclaration de succession pour vérifier le calcul. Il communiquera ensuite sa note d'honoraires qui sera réglée sur les fonds de succession.

➤ L'attestation de propriété

Les héritiers doivent fournir au notaire les titres de propriété ou à défaut les relevés cadastraux de l'ensemble des biens immobiliers dépendant de la succession (biens de communauté, biens propres du défunt). Il sera toujours possible de demander une copie d'acte à la Conservation des Hypothèques concernée si les héritiers ne retrouvent pas le titre de propriété. Pour identifier les biens possédés par le défunt, le notaire peut aussi interroger la Conservation des Hypothèques en demandant une fiche personnelle au nom de ce dernier. Celle-ci communiquera la copie des fiches des biens dépendant de son ressort. Ces fiches comportent toutes les mutations dont les biens ont fait l'objet, y compris par conséquent ceux qui ont été vendus par le défunt. On comprendra qu'il serait très onéreux de faire de telles recherches sur l'ensemble du territoire français.

Il est donc important pour les héritiers éloignés qui connaissent mal la vie du défunt de recueillir le maximum de renseignements sur celle-ci. De quel département était-il originaire ? Il a pu y recueillir des biens dans la succession de ses parents ou d'oncles et tantes. Où a-t-il séjourné pendant plusieurs années ? Il peut encore y être propriétaire d'un bien. Le notaire interrogera alors les bureaux des hypothèques dont relèvent les communes concernées pour savoir si le défunt y avait effectué des opérations immobilières. Cette situation correspond au cas où les héritiers n'avaient aucune relation avec le défunt et où aucun document ne permet de reconstituer son patrimoine. En général le notaire disposera au moins des avis d'imposition (taxes foncières, taxes d'habitation) pour lui révéler les biens du défunt.

Les héritiers doivent ensuite définir l'évaluation des biens immobiliers. Elle figurera dans l'attestation de propriété et dans la déclaration de succession. Ils peuvent les faire expertiser par un agent immobilier ou par le notaire lui-même. Cette évaluation sert aussi de base pour le calcul des frais d'acte.

Il n'est pas toujours judicieux de sous-évaluer les immeubles pour deux raisons :

— l'administration fiscale peut procéder à un redressement de la succession si elle estime que les biens ont été exagérément sous-évalués ;

Question

Lors du règlement de la succession de mon oncle, nous avons oublié un terrain dont nous ignorions l'existence. Que faire ?

Réponse

Il est toujours possible d'établir par la suite une attestation de propriété complémentaire. Le seul problème concernera le paiement des éventuels droits de succession afférant à ce bien, lesquels feront l'objet de pénalités de retard dues depuis le 7e mois du décès.

— en cas de revente du bien, la plus-value est calculée sur la différence entre la valeur déclarée dans la succession (et plus précisément celle portée sur la déclaration de succession) et le prix de vente.

Enfin, il sera utile d'indiquer au notaire les coordonnées du syndic de copropriété afin de lui transmettre une attestation dévolutive. Celui-ci pourra ensuite contacter les héritiers pour leur demander de désigner parmi eux le représentant de l'indivision.

B. La déclaration de succession

Il ne s'agit pas d'un acte notarié mais d'un imprimé fiscal qui est préparé et rempli par le notaire d'après les indications des héritiers. Ceux-ci sont tenus de déclarer à l'administration fiscale :

➤ Si le défunt était marié sous le régime de la communauté

L'ensemble des comptes et placements bancaires ouverts au nom du défunt, des deux époux mais aussi du conjoint survivant, les biens propres ainsi que les biens immobiliers dépendant de la communauté, sachant que seule la moitié de l'actif net de communauté fait partie de l'actif de succession.

➤ Si le défunt était marié sous la séparation de biens

La moitié des comptes et des placements joints, les comptes ouverts au nom du défunt, ses biens propres, la moitié des biens indivis.

➤ Si le défunt était veuf

Les comptes et placements ouverts à son nom, l'autre moitié des biens de communauté ou des biens indivis lui appartenant, ses biens propres.

Le notaire reprendra l'évaluation des biens immobiliers contenue dans l'attestation de propriété. Pour les comptes bancaires, il demandera aux héritiers de lui communiquer un RIB ou les relevés de comptes. A partir de ces renseignements, il interrogera les banques pour connaître la position des comptes au jour du décès. C'est ce montant qui doit être porté dans la déclaration de succession. Cette déclaration est une obligation fiscale, au même titre que la déclaration des revenus. Le notaire reportera les informations qui lui sont données par les héritiers. Il n'est pas tenu d'effectuer des recherches pour savoir s'il existe d'autres comptes. Si les héritiers omettent, volontairement ou non, de déclarer certains comptes, ils en sont seuls responsables vis-à-vis de l'administration fiscale car cette dernière va ensuite effectuer un contrôle de la déclaration de succession et a les moyens de vérifier si elle est conforme à la réalité.

Si le défunt était propriétaire d'un véhicule, les héritiers fourniront la carte grise ainsi que l'évaluation de la voiture. Les éléments suivants doivent en effet être indiqués dans la déclaration de succession : la marque, le numéro d'immatriculation, la date de mise en circulation et la valeur.

➤ Si la succession donne lieu à paiement de droits de succession

Le notaire va demander aux héritiers de lui fournir des éléments de passif qui permettront de diminuer l'actif de la succession. L'administration fiscale accepte entre autres les éléments suivants :

— les impôts dus au décès ;
— les factures émises avant le décès et non réglées ;
— les frais funéraires pour un forfait de 1 500 euros. Sauf pour ces derniers, les factures et les avis d'imposition doivent être joints à la déclaration de succession pour être retenus.

Si le bien est situé dans une copropriété, le notaire réclamera le dernier appel de fonds (s'il n'a pas été réglé par le défunt) ou interrogera le syndic pour obtenir une attestation de créancier.

De même le solde d'un prêt en cours peut être porté au passif de la succession s'il n'est pas couvert par l'assurance décès. Le notaire joindra une attestation de créancier délivré par la banque.

Le notaire chargé de régler la succession perçoit le solde des comptes qui doivent être obligatoirement clôturés, c'est-à-dire, ceux qui étaient ouverts au nom du défunt. Les comptes joints continuent de fonctionner au profit du conjoint. Quant aux placements, ils doivent en principe être vendus pour être répartis entre les héritiers, à moins que ces derniers ne souhaitent les conserver en indivision afin de ne pas perdre le bénéfice de leur rémunération. Cette solution est par exemple possible pour un compte titres. Par contre, un plan épargne logement ne peut appartenir qu'à une seule personne. L'un des héritiers pourra réclamer son attribution. Si les autres sont d'accord, la banque procèdera au transfert, sans qu'il soit nécessaire de solder le placement et d'ouvrir un autre compte.

Grâce aux fonds de la succession, le notaire règlera tous les frais : droits de succession, frais de ses actes, factures (non réglées par le défunt ou même émises après le décès). Il répartira ensuite le solde entre les héritiers à proportion de leurs droits.

Question

Lors de la succession de mon père, mon frère s'est servi avant les autres. Que faire ?

Réponse

C'est à ce stade que les autres héritiers peuvent tenter de rétablir l'égalité, en demandant au notaire de jouer en quelque sorte le rôle d'arbitre et de conciliateur. Il proposera de retenir sur la part de celui qui s'est servi les sommes prélevées ou encaissées avant le décès. Encore faut-il que ce dernier reconnaisse les faits ou que les autres en apportent la preuve. Le notaire établit un accord de répartition qui sera soumis à l'approbation de tous les héritiers. Si l'un d'eux refuse de le signer, il ne sera pas possible de l'appliquer. Les héritiers devront alors se tourner vers les tribunaux pour trouver une solution mais pendant ce temps, les fonds resteront bloqués chez le notaire. Il faut savoir que si le frère en question avait une procuration pour retirer de l'argent sur un compte, ses cohéritiers ne pourront rien obtenir à moins de vérifier l'étendue du mandat donné par le défunt. Pour cela, il suffit de demander une copie de la procuration à la banque.

Question

Ma sœur refuse de régler la part des frais de succession qui lui revient. Que faire ?

Réponse

Cette hypothèse peut se produire dans les cas où les fonds de la succession ne seraient pas suffisants pour faire face à l'ensemble des frais. Les héritiers doivent alors y contribuer, car accepter une succession, c'est également en accepter les dettes (articles 870 et 873 du Code civil).

Si la sœur est redevable de droits de succession, elle doit obligatoirement les régler sous peine de pénalités et de majorations qui seraient appliquées sur sa part à partir du 7e mois suivant le décès. Elle peut demander un paiement fractionné à la Recette des Impôts, si elle n'a pas d'autres moyens de payer. Mais attention, les héritiers sont solidaires vis-à-vis des Impôts. Si la sœur n'acquitte pas sa part de droits de succession, le fisc pourra la réclamer à n'importe lequel d'entre eux, choisi en général en fonction de sa solvabilité. Bien sûr, l'héritier poursuivi pourra ensuite se retourner contre ses co-héritiers.

Si la sœur persiste dans son refus de payer, il peut lui être suggéré de renoncer à la succession. Si le notaire voit que ses frais d'actes ne lui seront pas réglés, il risque en effet de bloquer le dossier ou d'y renoncer.

Enfin le notaire percevra une rémunération appelée « honoraires de gestion » s'il doit assurer la gestion d'un compte d'une succession au-delà du délai normal de règlement. C'est le cas lorsque les héritiers ne s'entendent pas et que les biens qui produisent des revenus (un immeuble loué) restent dans l'indivision. A défaut de parvenir à un partage amiable, le notaire conservera la gestion du compte pendant plusieurs années peut-être. Il percevra les revenus et paiera les impôts. Par contre, toute autre facture sera soumise à l'accord de paiement de tous les indivisaires. Cette mission peut également être confiée à un administrateur de biens nommé par le tribunal à la demande d'un ou plusieurs héritiers.

➤ Si le défunt avait souscrit une assurance-vie

Le bénéficiaire (qu'il soit ou non héritier), doit déposer une déclaration de cette assurance auprès de la Recette des Impôts du domicile du défunt. En effet, la compagnie d'assurance réclame un certificat fiscal pour débloquer le capital. De plus, les primes versées après l'âge de 70 ans et dépassant un abattement de 30 500 euros sont taxables au titre des droits de succession. Le bénéficiaire peut très bien effectuer cette démarche sans l'aide du notaire, en se rendant directement à la Recette des Impôts avec un document de la compagnie d'assurance indiquant le montant à déclarer. Par contre, s'il est aussi héritier et s'il se retrouve imposable sur ce contrat, il doit en informer le notaire car le montant des droits de succession qu'il aura réglé est pris en compte pour le calcul du montant global des droits de succession, en fonction de la tranche dans laquelle il est imposable.

Un cas simple : le montant des primes versées après 70 ans s'élève à 38 100 euros. L'abattement étant de 30 500 euros, elles sont taxables à hauteur de 7 600 euros dans la tranche de 5 % soit un montant de droits de succession de 380 euros. Cela signifie qu'ensuite la part recueillie par le bénéficiaire, héritier dans la succession sera directement taxable dans la tranche suivante, après déduction de l'abattement légal. Par exemple, pour un enfant, l'abattement est de 50 000 euros (plus son prorata dans l'abattement complémentaire de 50 000 euros). Sa part taxable tombera directement dans la tranche suivante qui est de 10 % (entre 7 600 et 15 000 euros).

Si le bénéficiaire n'indique pas au notaire qu'il a déclaré l'assurance et payé lui-même les droits correspondants, ce dernier rédigera la déclaration de succession sans tenir compte de la tranche franchie. Les droits seront dans l'exemple précité, taxés à 5 % au lieu de 10 %. Mais au dépôt de la déclaration de succession, l'administration fiscale s'en rendra compte et demandera la différence au notaire.

En principe, le bénéficiaire héritier aura peut-être besoin du concours du notaire pour régler les droits de succession relatifs au contrat, en le prenant sur sa part dans les fonds de la succession s'il n'a pas les moyens de les payer lui-même. Le paiement devant avoir lieu en même temps que le dépôt de la déclaration d'assurance-vie, il sera préférable que le notaire s'occupe lui-même de la déclaration.

➤ Si la succession ne comporte aucun bien immobilier, est-il nécessaire de se rendre chez un notaire ?

Dans ce cas, un seul acte doit obligatoirement être dressé par le notaire. Il s'agit de la Notoriété. Elle peut être réclamée par une banque pour transférer les comptes au nom du conjoint survivant ou pour répartir elle-même le solde entre les héritiers. Quant à la déclaration de succession, cette obligation fiscale incombe aux héritiers ainsi qu'il a déjà été expliqué. Il est de plus en plus courant que les banques elles-mêmes fassent les démarches nécessaires. Pour cela elles perçoivent bien entendu des frais de dossier qui sont facturés au client. Il est vrai que l'établissement de la déclaration de succession ne pose aucune difficulté dans les cas les plus simples (comptes courants, livret A, Codevis). Dans des cas plus complexes ou donnant lieu au paiement de droits de succession, les héritiers préféreront peut-être recourir aux conseils du notaire. Ce dernier se chargera de recueillir les renseignements nécessaires comme indiqué précédemment. Quant à ses frais, ils seront perçus sur l'actif brut de communauté ou de succession, plus le forfait mobilier de 5 % (1re partie, chapitre III). A titre d'exemple, pour un actif brut de communauté de 42 200 euros, ils s'élèveront à 454 euros environ.

Partie 3.

Le contentieux avec le notaire

Le lecteur connaît maintenant mieux le notaire, ses compétences, ses attributions, par qui et comment est géré son dossier.

S'il n'est pas satisfait des prestations du notaire ou même s'il estime qu'il a commis une faute, quels recours peut-il avoir ?

C'est ce que nous allons voir dans cette dernière partie.

Chapitre 1.

Le contentieux habituel

Il porte sur la forme (par exemple le délai de traitement du dossier) ou sur le fond (la solution juridique proposée par le notaire ne correspond pas à ce que souhaitait le client).

I. Sur la forme

Le client peut reprocher au notaire de ne pas avoir traité son dossier dans un délai normal. Encore faut-il que ce retard ait des conséquences pour le client.

A. Premier exemple

Monsieur Y. vend son appartement. En principe, le prix de vente n'est débloqué qu'après l'opposition du syndic pour les charges en cours. Le notaire dispose d'un délai de 15 jours pour notifier la vente et le syndic a lui-même 15 jours pour répondre. Ce qui veut dire qu'au pire des cas, le vendeur devrait attendre un mois pour récupérer son prix de vente. En pratique, le notaire fera toujours diligence pour envoyer immédiatement la notification. Restera le délai de réponse du syndic qui dépendra notamment de l'insistance du client et du notaire pour faire accélérer la procédure si elle semble s'éterniser. Mais admettons que le notaire dépasse le délai de 15 jours pour notifier la vente et que le vendeur attende impatiemment son prix pour le placer. Ce dernier pourrait alors reprocher ce retard au notaire, qui a entraîné pour lui un manque à gagner (les intérêts dont il aurait bénéficié entre temps sur son placement).

Dans ce cas, le client devra plutôt porter plainte auprès de la Chambre des notaires, qui donnera éventuellement une suite à l'affaire. Le notaire encourt de plus certaines sanctions disciplinaires : le rappel à l'ordre, la censure, la défense de récidiver, l'interdiction temporaire d'exercer, la destitution.

Le courrier que le client adressera à la Chambre des notaires pourra se présenter ainsi :

Monsieur le Président,

Suivant acte établi par Maître X, le ...., j'ai vendu un appartement situé à .... Maître X. m'a expliqué qu'il allait envoyer une notification au syndic de la copropriété et qu'il devait attendre la réponse de ce dernier pour me remettre le prix de vente. J'ai insisté sur la nécessité d'obtenir rapidement cette réponse car je comptais placer mon argent sur un plan épargne logement, en vue d'acquérir plus tard un autre bien. Or, il était question de modifier le taux de rendement des PEL, qui allait baisser de manière non négligeable. C'est pour cela que je souhaitais réaliser ce placement au plus vite, afin de profiter des conditions encore en vigueur.

Malgré plusieurs relances auprès de l'étude, j'ai reçu mon chèque plus d'un mois après la vente. Entretemps, la réforme fiscale a été appliquée et j'ai perdu une partie des intérêts dont j'aurais pu bénéficier (soit d'après mes calculs environ 1 500 euros).

J'estime que Maître X. a commis une faute car la vente a été notifiée au syndic plus de 15 jours après la signature (d'après l'information que ce dernier m'a communiquée).

Je souhaite donc obtenir réparation du préjudice que j'ai subi.

Je reste dans l'attente de la suite que vous voudrez bien donner à mon affaire.

Je vous prie de croire, Monsieur le Président, en l'assurance de mes respectueuses salutations.

B. Deuxième exemple

Le client confie un dossier à un notaire. Puis il attend plusieurs semaines sans recevoir de convocation, sans réponse à ses appels ou à ses courriers. Il semble donc que le notaire refuse d'instrumenter. Ce cas concerne bien sûr les actes qui ne constituent pas des fraudes à la loi (une fraude fiscale par exemple) ou aux droits des tiers, que le notaire peut parfaitement refuser de régulariser.

En sa qualité d'officier public, le notaire est tenu d'un ministère obligatoire (article 3 de la loi du 25 Ventose an XI). Sa responsabilité civile professionnelle peut donc être mise en cause s'il refuse d'instrumenter.

Question

Je souhaite changer de notaire et récupérer mon dossier. Que faire ?

Réponse

Rappelons d'abord deux principes :

— le choix du notaire est libre,

— le notaire est tenu d'une obligation d'instrumenter.

Si le dossier n'a pas encore été traité par le notaire, il doit en principe le remettre au client sans poser de difficultés.

Par contre, si le notaire a déjà effectué des formalités, il est en droit de demander au client de les lui régler avant de rendre le dossier. Il établira alors une taxe de frais préalables (avec la liste des démarches réalisées et leur coût respectif qu'il soumettra au client ou au notaire auquel il souhaite à présent confier son dossier. En pratique, il est plus aisé que la question soit réglée entre confrères, surtout si le dialogue est rompu avec le premier notaire).

Dans le cas d'une succession, il se peut que le notaire jusqu'alors chargé du dossier ait déjà encaissé des fonds pour le compte de la succession (loyers, comptes courants...). Si ces derniers proviennent d'une banque, il aura établi l'acte de notoriété car une copie de ce dernier est en général demandée pour le déblocage. Dans ce cas, il adressera le solde des fonds directement à son confrère, sous déduction des frais et des actes signés. En pratique, il communiquera d'abord à son confrère la taxe des actes passés ainsi que le relevé de compte de la succession. Celui-ci donnera son accord sur cette taxe après l'avoir vérifiée et autorisera son confrère à en prélever le montant sur les fonds qu'il détient avant de lui envoyer le solde.

II. Sur le fond

Un client a exposé son problème au notaire. Ce dernier lui a proposé une solution. L'acte est régularisé. Le client se rend compte par la suite qu'il ne correspond pas à ce qu'il avait demandé.

A. Premier exemple

Monsieur et Madame Z. font donation à leur fils d'un appartement dans lequel ils habitent actuellement. Ils indiquent au notaire vouloir conserver l'**usage** de ce bien. Le notaire rédige un acte de donation, avec **réserve du droit d'usage et d'habitation**. Quelques années plus tard, Monsieur et Madame Z. s'installent dans une maison de retraite et louent leur appartement. Ils comptent encaisser les loyers pour financer en partie leur pension mais leur fils refuse au prétexte qu'il est à présent seul propriétaire et qu'à ce titre il a vocation à toucher les loyers (les enfants sont quelques fois ingrats !).

Il a en effet raison. Il aurait fallu que les parents se réservent l'**usufruit** de l'appartement et non un simple droit d'usage et d'habitation. L'usufruit confère en effet à son titulaire la **jouissance** du bien mais également ses **revenus**.

Dans ce cas, le notaire a manqué à son devoir de conseil car il aurait dû informer les donateurs que le droit d'usage et d'habitation ne leur permettait pas de récupérer les loyers. Il aurait dû leur expliquer la différence entre l'usufruit et le droit d'usage et d'habitation, même s'ils ne lui avaient pas demandé.

Monsieur le Président,

Nous avons fait donation à notre fils de notre maison située à .... Nous avons expliqué à Maître Z. que nous comptions continuer à l'habiter jusqu'à notre décès ou notre départ en maison de retraite. Il nous a répondu que nous pouvions conserver un droit d'usage et d'habitation. Nous n'avions jamais entendu parler de ce droit mais nous avons pensé qu'il correspondait à la situation que nous avions exposée à Maître Z. Le 1er novembre 2005, nous avons quitté notre maison pour entrer dans une maison de retraite. Ayant besoin de revenus complémentaires pour payer la pension, nous avons mis la maison en location. Nous avons trouvé des locataires qui sont entrés dans les lieux le 1er décembre. Entre-temps, mon fils (que nous ne voyons plus beaucoup pour des raisons familiales) est intervenu pour nous dire que nous ne pouvions ni signer le bail ni encaisser les loyers car notre droit d'usage et d'habitation ne nous donnait pas la possibilité de percevoir ces revenus.

Nous considérons que Maître Z. a manqué à son devoir de conseil et qu'il aurait dû nous expliquer les conséquences financières de la donation.

Espérant que vous donnerez une suite à notre requête, je vous prie de croire, Monsieur le Président, en l'assurance de mes respectueuses salutations.

B. Deuxième exemple

Monsieur A. vient d'acheter un terrain. Il sollicite un droit de passage sur le terrain de son voisin, un jardin potager, pour accéder à un chemin communal. Son objectif est à la fois de profiter d'un trajet plus court pour accéder à son terrain mais aussi de poser des canalisations pour se brancher au tout à l'égout. Le voisin accepte et demande à son notaire de préparer l'acte de constitution de servitude. Par erreur, celui-ci ne confère à Monsieur A. qu'une servitude de passage pour piétons et véhicules. La clause est en effet précise : une servitude de passage ne donne pas forcément le droit de faire passer des canalisations. Ce dernier doit faire l'objet d'une autre servitude. Monsieur A. ne s'en rend pas compte et signe l'acte. Au moment où il commence ses travaux, son voisin lui interdit de creuser pour placer les canalisations. L'acte ne correspond donc pas à la volonté et à l'intérêt de Monsieur A.

Monsieur le Président,

J'ai demandé à mon voisin le droit de passer sur son terrain afin d'accéder à un chemin communal comportant tous les réseaux nécessaires à l'alimentation de mon terrain. En toute confiance, j'ai accepté d'aller chez son notaire, qui a préparé un acte de constitution de servitude. Les rapports avec mon voisin ayant toujours été cordiaux, j'ai signé l'acte sans le lire. Le notaire m'a simplement montré le tracé de la servitude sur un plan. Quelques semaines plus tard, j'ai indiqué à mon voisin que j'allais commencer les travaux et creuser le chemin pour y faire passer les canalisations. Je me suis heurté à un refus catégorique de ce dernier, qui m'a répondu que je n'avais le droit de passer sur le chemin qu'à pieds ou en voiture pour rejoindre la voie communale mais qu'il ne m'avait pas autorisé à y faire passer des canalisations. Il me semblait pourtant lui avoir bien fait comprendre, ainsi qu'à son notaire lors de notre premier rendez-vous qu'il ne s'agissait pas d'un simple problème d'accès mais aussi d'une question de raccordement aux réseaux.

N'ayant pas encore reçu mon titre de propriété, j'en ai demandé une copie à l'étude. J'ai en effet constaté qu'il n'avait été constitué qu'une simple servitude de passage à pieds ou avec tous véhicules mais qu'il n'était nulle part indiqué le passage de canalisations.

J'estime donc que le notaire de mon voisin s'est contenté de protéger les intérêts de son client, sans traduire ma volonté et sans tenir compte de mes propres intérêts.

Je demande que l'acte soit rectifié comme il se doit, puisque ce chemin est le seul accès qui me permette de me raccorder aux réseaux.

Je n'entends bien sûr assumer aucun frais supplémentaire vis-à-vis de ce notaire.

Dans l'attente de votre réponse, je vous prie de croire, Monsieur le Président, en l'assurance de mes respectueuses salutations.

C. Troisième exemple

Madame B. est propriétaire en indivision avec sa sœur d'une maison héritée de leurs parents. Ne pouvant se déplacer pour signer les actes de succession, elle demande au notaire de lui adresser une procuration. Ce dernier lui en envoie deux : l'une pour la notoriété (elle sera annexée à cet acte), l'autre pour attestation de propriété et la déclaration de succession. Cette deuxième procuration comporte également un mandat pour vendre la maison. Or Madame B. n'a jamais évoqué cette vente, ni avec sa sœur ni avec le notaire. Devant la longueur et la complexité des procurations, elle ne prête pas attention à la clause relative à la vente. Elle signe et renvoie les procurations au notaire. Quelques semaines plus tard, ce dernier lui envoie la copie d'un compromis de vente signé par sa sœur. Il s'agit ici d'un défaut total de communication. En pratique, le notaire s'assurera préalablement que Madame B. a également l'intention de vendre la maison, même si sa sœur lui affirmait que Madame B. est tout à fait d'accord sur le principe de la vente. De plus, la procuration pour vendre doit de préférence faire l'objet d'un document séparé et ne pas être incluse dans la procuration relative à la succession.

Pour éviter toutes ces erreurs, la relation entre le notaire et le client doit être basée sur une confiance mutuelle. Cela signifie que le client ne doit rien cacher à son notaire, qu'il doit bien expliquer son problème et répondre aux questions que le notaire lui posera. Une simple omission qui peut paraître sans intérêt pour le client déterminera peut être le choix de l'acte que le notaire va rédiger. De son côté, le notaire doit assurer son devoir de conseil et solliciter toutes les informations qui lui semblent utiles pour être certain de répondre correctement à son client. Certes, les relations familiales sont parfois tendues voire rompues. Mais déclarer à un notaire qu'il n'existe pas d'autre héritiers réservataire afin d'avantager un enfant au détriment d'un autre ne fait que reporter la crise au décès du donateur car il n'est pas possible de déshériter l'un de ses enfants.

Ces derniers cas d'erreurs de droits se traduisent par la mise en cause de la responsabilité du notaire, généralement au titre de son devoir de conseil.

Nous allons étudier plus en détail ces cas de faute professionnelle.

Chapitre 2.

La faute professionnelle

Dans la plupart des cas, seule la responsabilité civile du notaire est engagée.

Il peut plus rarement arriver qu'il soit responsable pénalement. Dans les deux cas, deux éléments doivent obligatoirement être réunis : une **faute** du notaire et un **dommage causé par cette faute**.

I. La responsabilité civile

Ainsi que nous l'avons vu dans les développements qui précèdent, le notaire est tenu de procéder à certaines vérifications avant de rédiger l'acte.

- **L'identité des parties**

Jusqu'à présent, les notaires connaissaient bien leur clientèle car elle revenait régulièrement à l'étude. Mais la société de consommation a modifié les usages, même dans ce secteur ! Les clients sont aussi plus mobiles. Le notaire peut donc réclamer une pièce d'identité pour vérifier qu'il a bien en face de lui le vendeur ou l'acheteur. Il est en effet arrivé que l'hypothèse d'école selon laquelle la maîtresse se ferait passer pour l'épouse et signe un acte de vente à sa place se réalise !

• La capacité et le consentement des parties

L'incapacité peut résulter d'un problème physique, psychologique ou de la mise en liquidation judiciaire d'une personne ou d'une société.

• L'objet de la vente

Le notaire doit vérifier la désignation mais aussi l'affectation et la destination de l'immeuble. Un terrain vendu comme terrain à bâtir ne doit pas être situé dans une zone agricole. Transformer un local professionnel en appartement nécessite l'autorisation de l'Assemblée générale des copropriétaires.

• Le droit de propriété

Le notaire doit examiner le titre de propriété. S'il omet par exemple de rappeler une servitude existente, sa responsabilité pourrait être engagée.

• La représentation des parties

Pour les personnes morales, le notaire doit vérifier les pouvoirs du gérant. Si ce dernier les dépassait sans l'autorisation de l'Assemblée générale des associés, sa responsabilité serait mise en cause par ces derniers, qui pourraient également se retourner contre le notaire. Pour les personnes physiques, la signature apposée sur les procurations doit être légalisée soit par un Officier d'Etat Civil soit par un notaire.

En règle générale, la responsabilité du notaire sera recherchée au niveau de son devoir de conseil.

Nous allons à présent exposer quelques exemples de responsabilité à travers des cas de jurisprudence.

A. Premier exemple : retard dans le dépôt d'une déclaration de succession

Les héritiers sont tenus de déposer une déclaration de succession dans les 6 mois du décès et de payer dans ce même délai les éventuels droits de succession. La sanction est la suivante : un intérêt de 0,75 % par mois calculé sur le montant des droits de succession, puis une majoration des droits selon la date du dépôt.

La jurisprudence oblige le notaire au titre de son devoir de conseil d'informer les héritiers de l'importance de ce délai et des sanctions encourues. Il doit donc les inciter à réunir tous les éléments nécessaires pour établir cette déclaration le plus rapidement possible. Il existe en effet une solution au cas où la déclaration ne pourrait pas être déposée dans le délai : il est possible de verser un acompte sur les droits de succession. Ce paiement s'accompagne d'une déclaration signée par un ou plusieurs héritiers qui comporte la dévolution successorale et le montant de l'acompte. Celui-ci dépendra des fonds disponibles sur la succession ou à défaut des moyens financiers des héritiers et du calcul approximatif des droits de succession. La somme versée à la Recette des Impôts bloque les intérêts de retard à concurrence de son montant. Deux éventualités peuvent ensuite se présenter :

— soit le montant de l'acompte était suffisant pour couvrir le montant des droits de succession ou même le dépasse : il suffira de demander une restitution à la Recette des Impôts ;
— soit le montant de l'acompte n'était pas suffisant : le paiement du complément de droits sera réglé avec le dépôt de la déclaration de succession. Il encourt les intérêts de retard et les pénalités. Le notaire demandera une remise de ces derniers. La Recette des Impôts noti-

fiera ensuite sa décision et accordera une remise partielle ou totale. Si le notaire n'informait pas les héritiers de cette possibilité de verser un acompte et si le délai de 6 mois n'était pas respecté, il engagerait sa responsabilité au titre de son devoir de conseil.

Monsieur le Président,

Ma tante est décédée le .... Elle a laissé un testament par lequel elle m'a légué ses biens. Ce testament était déposé chez Maître B. N'habitant pas sur place, j'ai confié le dossier à ce notaire, ce qui me paraissait le plus simple. Ce dernier m'a demandé de lui fournir certains éléments pour définir l'actif de la succession, sans me préciser que cette démarche était relativement urgente. Ne pouvant pas me libérer facilement à cause de mon travail et compte tenu de la distance qui me sépare du domicile de ma tante, je n'ai pas pu lui remettre ces documents assez rapidement car je viens d'apprendre que j'avais un délai de 6 mois pour déposer la déclaration de succession, ce dont Maître B. ne m'a pas informé. Le montant des droits de succession étant déjà élevé (6 000 euros), je vais en plus devoir payer des intérêts de retard ! De plus, j'ai appris qu'il aurait été possible de verser un acompte à la Recette des Impôts. Or ma tante avait un compte titre qu'il était possible de solder afin de régler cet acompte.

Je considère donc que Maître B. a fait preuve de négligence et qu'il a manqué à son devoir de conseil. J'aurais en effet pris des dispositions si j'avais su qu'il fallait respecter un certain délai mais je comptais avoir plus de temps devant moi pour régler ce dossier.

B. Deuxième exemple : les compétences professionnelles du client

Même si le client est un autre professionnel du droit ou s'il est assisté par un autre conseil (par exemple un expert-comptable), le notaire n'est pas pour autant déchargé de son obligation de conseil. Si le conseiller du client lui recommande d'acheter un terrain sous le régime des marchands de bien et si les services fiscaux requalifient l'opération en raison de son absence de répétition, le notaire aurait dû informer le client de ce risque ou même le dissuader d'adopter ce régime fiscal.

C. Troisième exemple : l'absence de vérification de signature sur une procuration

Ainsi que nous l'avons déjà dit, la signature du mandant doit être légalisée. Quelquefois, les clients rechignent à effectuer cette formalité qui leur demande un déplacement à la mairie ou chez un notaire. Cependant, la responsabilité du notaire rédacteur de l'acte peut être engagée si la signature apposée n'est pas celle du mandant. Si elle n'est pas légalisée, soit il peut renvoyer le document au mandant en lui demandant d'effectuer la démarche soit il lui demandera une copie certifiée conforme de sa carte d'identité pour vérifier « la sincérité apparente de la signature ». Par contre, s'il se trouve en présence d'un faux parfaitement réalisé, sa responsabilité ne sera pas en principe retenue car il n'est pas non plus obligé d'authentifier la signature.

La jurisprudence est variée. Nous n'avons retenu ici que des cas simples et en rapport avec les thèmes évoqués dans cet ouvrage. Tout dépend du cas d'espèce et de la situation. Si les circonstances rendent l'erreur du notaire « invincible », sa responsabilité ne sera pas engagée. De même encore faut-il que la **faute** ait entraîné un **préjudice** pour le client et que ce dernier établisse **un lien de causalité** entre ces deux éléments. Les tribunaux apprécient ensuite souverainement les faits de chaque affaire.

II. La responsabilité pénale

Il s'agit là des cas les plus graves mais aussi les plus isolés. Par exemple un notaire établit un faux et se rend complice de l'une des parties ou il détourne les fonds dont il est détenteur.

Ainsi qu'il a déjà été dit, la profession de notaire est contrôlée, d'abord par ses pairs, puis par le parquet qui possède le double du répertoire des actes de toutes les études.

Chaque étude subit deux inspections de la Chambre des notaires chaque année :

— la première vise à surveiller la régularité de la comptabilité. Il s'agit par exemple d'examiner la liste des comptes créditeurs (lorsque l'acte d'achat est rentré des hypothèques et que le compte de l'acheteur n'est pas encore soldé ou lorsqu'une mainlevée est également publiée et que le compte du vendeur n'a pas été soldé). L'étude sera alors incitée à clôturer rapidement ces comptes ;

— la deuxième, plus approfondie, a lieu en présence d'un notaire d'une autre région qui contrôle aussi les actes. Il peut demander des explications à son confrère sur l'opportunité de certaines clauses ou les circonstances de la rédaction d'un acte. Les dossiers sont pris au hasard sur le répertoire de l'étude. A la fin de la journée, le notaire et le comptable contrôleurs (lequel vérifie pendant ce temps que la comptabilité a été mise en ordre après sa dernière visite) se réunissent avec les notaires contrôlés pour leur faire part de leurs observations. Un rapport est rédigé et remis à la Chambre des notaires.

Il est donc très difficile pour un notaire de se livrer à des malversations. Des plaintes régulières de clients à la Chambre des notaires peuvent d'abord entraîner une sanction professionnelle (suspension ou destitution). Si une affaire se retrouve devant le tribunal, le notaire est alors jugé comme un justiciable ordinaire.

Chapitre 3.

La procédure

En cas de conflit avec un notaire, quelle est la marche à suivre ?

Faut-il s'adresser immédiatement aux tribunaux ?

Quelle est la compétence de la Chambre des notaires en matière disciplinaire ?

Telles sont les questions auxquelles ce dernier chapitre va répondre.

I. Demander des explications au notaire

A moins que le dialogue ne soit définitivement rompu, il est préférable que le client prenne rendez-vous avec le notaire pour tenter de trouver une solution au problème qui les oppose.

S'il s'agit de rectifier un acte déjà signé, le notaire acceptera sans doute de dresser l'acte rectificatif, à ses frais dans la mesure où il aurait commis une faute, plutôt que de risquer un procès.

Si le notaire considère qu'il n'est pas responsable du problème que soulève le client, il lui exposera sa position et lui fournira toutes les explications qu'il jugera nécessaires. Le client pourra ensuite librement apprécier s'il doit persister. Le dialogue peut en effet éviter de part et d'autre une procédure longue et coûteuse, dont le résultat est peut-être aléatoire. Ainsi qu'il a déjà été expliqué, le notaire n'est pas tenu de procéder à certaines vérifications ni d'insérer dans son acte des précisions qui ne lui auraient pas été fournies par les parties (par exemple la désignation détaillée du bien vendu). Dans ces cas-là, la plainte du client sera sans cause et il perdra son temps dans une procédure sans issue.

II. Porter plainte à la Chambre des notaires

Les membres de la Chambre des notaires sont des notaires du département élus pour trois ans.

Le bureau comprend plusieurs « syndics » (en fonction du nombre de membres). Certains d'entre eux sont chargés notamment d'examiner les plaintes déposées par des clients.

Le client adresse sa plainte au Président de la Chambre des notaires, de préférence par lettre recommandée avec accusé de réception. En pratique, il expose dans un courrier l'historique et le motif de la plainte (voir les modèles de courrier établis d'après les exemples précités). Il joint à son envoi les éventuels courriers échangés avec le notaire incriminé, ainsi que tous documents utiles (copies d'actes, courriers d'autres personnes).

L'un des syndics va instruire la plainte. Il commence par en adresser une copie au notaire concerné en **lui** demandant :

— soit de lui fournir simplement des explications, s'il estime déjà que la plainte n'est pas fondée. Dans tous les cas, une réponse sera apportée au plaignant ;
— soit de lui envoyer un dossier complet dans lequel le notaire fera part de sa position. Ce dossier comprendra des copies de courriers envoyés et reçus par le notaire (qui ne seront pas forcément les mêmes que ceux produits par le client, des copies d'actes...).

Suite à la réception de ce dossier, la Chambre va statuer sur le sort de la plainte.

Si elle estime en fin de compte que le notaire n'a pas commis de faute, elle répondra au plaignant en justifiant sa réponse.

Si elle considère que le notaire est responsable, deux hypothèses peuvent se présenter selon la gravité de la faute :
— le dossier est transmis à la compagnie d'assurances qui garantit la responsabilité des notaires, en vue de l'indemnisation financière du client ;
— en plus de cette indemnisation, la Chambre peut prononcer elle-même une sanction disciplinaire vis-à-vis du notaire, qui peut aller du simple rappel à l'ordre à l'interdiction temporaire ou définitive d'exercer.

III. Porter plainte auprès du Procureur de la République

Si la Chambre des notaires rejette la plainte du client et si ce dernier estime que cette réponse est injuste, il peut renouveler sa plainte auprès du Procureur de la République.

Le client peut également déposer directement sa plainte au Parquet, sans interroger d'abord la Chambre des notaires.

Il est préférable d'adresser un dossier complet, au besoin par l'intermédiaire d'un avocat, pour avoir une chance qu'il soit instruit. Le Parquet reçoit en effet des milliers de plaintes de toutes sortes, relevant aussi bien du droit civil que du droit pénal. Il juge d'abord si elles doivent être classées sans suite ou poursuivies. Si le Procureur poursuit, la procédure judiciaire sera alors en marche. Chaque partie devra se faire assister par un avocat. L'affaire sera en principe jugée par une Chambre civile (sauf malversations relevant du tribunal correctionnel). La procédure peut durer plusieurs années, le jugement pouvant faire l'objet d'un appel de la part d'une des parties et ensuite encore d'un pourvoi en cassation.

Le tribunal est lui-même habilité à prononcer une sanction disciplinaire contre le notaire. Il peut également le condamner à payer une amende et à verser des dommages-intérêts au client.

Conclusion

Le lecteur aura peut-être mieux compris le travail du notaire, identifié son ou ses interlocuteurs, découvert le langage qu'ils pratiquent.

Il est important de bien expliquer son cas au notaire afin qu'il réponde au mieux aux attentes de son client. Si la situation lui paraît complexe, il posera lui-même certaines questions auxquelles le client devra répondre en toute franchise.

Le notaire est également compétent pour répondre à des questions qui ne relèvent pas de son monopole. Il suffit de lui demander préalablement ses honoraires car ils sont en principe libres.

En cas de problème, il n'est non plus jamais trop tard pour aller voir son notaire, même si on a voulu se débrouiller sans son aide ou si on a consulté un autre professionnel.

Nous dirons enfin que les usages et les pratiques varient légèrement selon les régions. Par exemple, en Ile-de-France, la promesse de vente (par laquelle seul le vendeur s'engage à vendre à l'acheteur qui bénéficie de la faculté de lever l'option qui lui est offerte pour acheter) est utilisée de préférence au compromis de vente (dans lequel le vendeur s'engage à vendre et l'acheteur s'engage immédiatement à acheter). Les notaires peuvent aussi imposer individuellement certaines règles à leurs clients (par exemple un chèque de banque obligatoire quel qu'en soit le montant).

Mais les notaires savent aussi faire preuve de souplesse et d'adaptation tout en respectant une seule exigence : appliquer la loi.

Droits d'enregistrement

Tableau des principaux taux applicables en 2005 et 2006

	2005	*2006*
Ventes d'immeubles régime de droit commun	4,89 %	5,09 %
Ventes d'immeubles régimes spéciaux (ex. : vente en état futur d'achèvement)	0,615 %	0,715 %
Echanges d'immeubles	4,80 %	5,00 %
Apports d'immeubles soumis aux droits de mutation à titre onéreux (ex. : statuts de SCI avec apports immobiliers)	4,80 %	5,00 %
Cession de droits sociaux :		
— cession de parts de GFA non exploitants	1,00 %	1,10 %
— cession de parts sociales	4,80 %	5,00 %
Droit de partage (ex. : liquidations de communauté, partages successoraux)	1,00 %	1,10 %
Cession de fonds de commerce		
Régime de droit commun	4,80 %	5,00 %
Inscriptions d'hypothèques, attestations (ex. : acte de prêt)	0,615 %	0,715 %

COMPOGRAVURE
IMPRESSION, BROCHAGE
IMPRIMERIE CHIRAT
42540 ST-JUST-LA-PENDUE
MARS 2006
DÉPÔT LÉGAL 2006 N° 8484

IMPRIMÉ EN FRANCE